एक सड़क मेरे नाम

वास्तविक जीवन के सुझाव जो आपकी प्रगति को तेज़ करेंगे।

राकेश सिंह

notionpress.com

INDIA • SINGAPORE • MALAYSIA

ISBN
Paperback 979-8-90510-914-0
Hardcase 979-8-90540-992-9

एक सड़क मेरे नाम

वास्तविक जीवन के सुझाव जो आपकी प्रगति को तेज़ करेंगे।

हर किसी के पास एक योजना होती है, लेकिन परिणाम हमेशा योजना के अनुसार नहीं आते।

एक महत्वाकांक्षी युवा के रूप में, जब आप अपने करियर और सफल जीवन की योजना बना रहे होते हैं, तो चीजें हमेशा आपकी उम्मीदों के अनुसार नहीं होतीं। इतने अधिक प्रतिस्पर्धा और सीमित संसाधनों के बीच, हम क्या अलग कर सकते हैं ताकि हर किसी को एक उद्यमी या लीडर के रूप में सफल होने का मौका मिल सके?

राकेश सिंह, एक जाने-माने व्यवसायिक लीडर, लेखक, निवेशक और परोपकारी व्यक्ति, जो फॉर्च्यून 500 कंपनियों का नेतृत्व करने में व्यापक अनुभव रखते हैं,

एक सड़क मेरे नाम में, राकेश अपने वास्तविक जीवन के अनुभवों से प्राप्त अंतर्दृष्टि साझा करते हैं, ये सुझाव आपको समस्याओं और बाधाओं के बीच से मार्ग निकालने में, आपको अपने लक्ष्यों तक पहुँचने और उन्हें जल्दी हासिल करने में मदद करेंगी।

धन्यवाद!

यह किताब मेरी माँ को समर्पित है, जिन्होंने मेरे अंदर एक मजबूत चरित्र और अनुशासन का निर्माण करने में सबसे बड़ी भूमिका निभाई। वह एकमात्र व्यक्ति थीं, जो हमेशा यह विश्वास करती थीं कि मैं एक दिन सफल होऊंगा।

मेरे पिता, भाई और बहनों को भी एक बड़ा धन्यवाद, जिन्होंने मुझे वह बनाया जो मैं आज हूँ। खासकर मेरे पिता, जिन्होंने मुझे स्वतंत्रता दी।

मैं अपनी पत्नी का धन्यवाद करना चाहता हूँ, जिन्होंने मुझे इस किताब को लिखने के लिए प्रेरित किया, और मेरे बेटे और बेटी का, जिन्होंने मेरे आलोचक बनकर मेरी मदद की।

मैं अपने दोस्तों और सहयोगियों का भी आभार प्रकट करना चाहता हूँ, जिन्होंने इस किताब में योगदान देने के लिए समय निकाला। यह आपकी मदद के बिना संभव नहीं था।

"मात्र वंदना, जय माता दी।"

Contents

जब काम पूजा बन जाए

सफल होने के लिए पहली चीज़ है
अपने काम से प्यार करना।
- सिस्टर मैरी लॉरेटा

मुझे काम पर जाना बहुत पसंद है। सच में, मैं इसे प्यार करता हूँ। वो फॉरेस्ट गंप मूवी का डायलॉग याद है? "ज़िंदगी एक चॉकलेट बॉक्स की तरह है, और तुम्हें कभी पता नहीं चलता कि अंदर क्या है" । बस वही बात मेरे काम पर लागू होती है। कुछ दिन मैं नई चीज़ें सीखता हूँ, कुछ दिन मैं कंपनियों को टेक्नोलॉजी के नए युग में ले जाता हूँ। और फिर कुछ दिन ऐसे होते हैं जब मुझे ऐसे लोग मिलते हैं, जिनसे मिलने के बाद मुझे ये किताब लिखने का ख्याल आया।

मैं दुनिया की एक फॉर्च्यून 500 कंपनियों के लिए टेक्नोलॉजी लीडर हूँ। मेरे काम की वजह से, मैं काफी बातूनी बन गया हूँ और लोगों से बातचीत शुरू करना मेरे लिए अब आसान हो गया है। यही वजह थी कि मेरी मुलाकात एक युवा लड़के से हुई, जो नोएडा में एक सर्विस प्रोवाइडर कंपनी में काम करता था। मैं नोएडा एक ऑपरेशनल असेसमेंट के लिए गया था और उसकी मुलाकात मुझसे कैंटीन में हुई। हमने लंच के दौरान एक टेबल शेयर की, और उसने मुझे बताया कि उसने कुछ महीनों पहले कॉलेज से निकलने के बाद ये जॉब जॉइन की है। वो एक बी.टेक. ग्रेजुएट है और एक एंट्री-लेवल जॉब पर काम कर रहा है। आई.टी. फर्म में एंट्री लेवल का मतलब होता है कि ज़्यादा दिमाग या स्किल का इस्तेमाल नहीं करना पड़ता। जो नए-नए शुरुआत करते हैं, वो शिफ्ट में काम करते हैं, दिनभर कंप्यूटर की स्क्रीन घूरते हैं, और

फिर घर चले जाते हैं। उसने अपने भविष्य के बारे में बहुत उत्साह से बात की: टीम लीडर बनना, फिर एम. बी. ए. करना, और फिर मैनेजर का पद पाना। उसने अपनी पूरी करियर प्लानिंग कर रखी थी। दुर्भाग्य से, उसकी प्लानिंग में कुछ भी नया या अलग नहीं था। वो उन लाखों लोगों की तरह ही सोच रहा था, जो आईटी फील्ड में काम करते हैं। वो टेक्नोलॉजी की दुनिया के बारे में ज़्यादा कुछ नहीं जानता था। उसने बस वही रास्ता चुना था जो पहले से ही करोड़ों लोग ले चुके थे, और उसने मान लिया कि यही उसके लिए सही है।

हमारी बातचीत जारी रही, और उसने मुझे बताया कि उसके पिता का फर्नीचर का बिज़नेस है। यह एक पारंपरिक पारिवारिक व्यवसाय था, जिसे उसके दादा जी ने शुरू किया था और उसके पिता ने आगे बढ़ाया। लेकिन वह लड़का इस विरासत का हिस्सा बनने में कोई रुचि नहीं रखता था। अब मेरी रुचि बढ़ गई थी, और मैंने सवालों की बौछार कर दी। कच्चा माल कहाँ से आता है? उनके ग्राहक कौन हैं? इन्वेंटरी कैसे संभालते हैं? उनके पिता के आदर्श ग्राहक कौन हैं? जैसे-जैसे हम बात करते गए, मुझे लगा कि वह अपने परिवार के बिज़नेस को लेकर उत्सुक हो रहा था, जिस माहौल में वह बचपन से बड़ा हुआ था।

हमारा लंच खत्म होने वाला था, और मैंने उससे कहा कि उसके पिता का बिज़नेस उसकी अपनी योजनाओं से कहीं ज़्यादा दिलचस्प है। मैंने उसे सलाह दी कि वह सप्लाई चेन मैनेजमेंट में एम. बी. ए. करे और बिज़नेस में शामिल हो जाए। हम इस विषय पर थोड़ी और बात करते रहे, फिर मुझे वहाँ से निकलना पड़ा। कुछ साल बाद मुझे पता चला कि उसने मेरी सलाह मानी और बिज़नेस पहले से कहीं बेहतर कर रहा है।

यह लड़के का अनुभव बहुत आम है। भारत में ऐसे कई लोग हैं जो नहीं जानते कि वे क्या कर रहे हैं और उन्हें क्या चाहिए। इस प्रक्रिया में वे अपनी ज़िंदगी की कहानी में देर कर देते हैं। मैं भी कभी ऐसा ही था।

यह किताब युवाओं के लिए है, जिससे वे अपने सफर को तेज़ी से सफल बना सकें। यह वह किताब है जिसे मैं चाहता था कि मेरे पास होती, जब मैं कॉलेज से निकला था और एक ऐसी नौकरी खोजने की कोशिश कर रहा था जो मेरे दिन को रोमांचक बना सके। बचपन से मुझे लगता था कि मैं हमेशा एक फाइटर पायलट बनने के लिए बना हूँ। मेरे पिता वायुसेना में थे, और मैंने उस दुनिया को नज़दीक से देखा। मैंने परीक्षा पास करने की पूरी लगन और ईमानदारी से तैयारी की। मैंने यू. पी. एस. सी. परीक्षा पास की, लेकिन तीन बार एस. एस. बी. इंटरव्यू में असफल रहा। मेरे बचपन के सपने का अंत हो गया, और मुझे जीवन में पूरी तरह से दिशा बदलनी पड़ी।

हालांकि, मुझे फाइटर पायलट बनने की तैयारी के अलावा कुछ और नहीं आता था। यह ज़िद्दी सोच जिसे अब मैं नजदीकी दृष्टिकोण कहूंगा ने मुझे सिर्फ एक ही विकल्प पर निर्भर बना दिया और किसी और चीज़ के लिए योग्य नहीं छोड़ा। मेरे पास कोई प्लान बी नहीं था। मैं एक प्रोफेशन से दूसरे प्रोफेशन में भटकता रहा ग्राफिक डिज़ाइनर से लेकर कॉल सेंटर कर्मचारी तक जब तक मैं उस प्रोफेशन पर नहीं पहुंचा जो मेरे लिए सही था: सूचना प्रौद्योगिकी (इन्फॉर्मेशन टेक्नोलॉजी)। इस सफर में, मैंने नेशनल इंस्टीट्यूट ऑफ इन्फॉर्मेशन टेक्नोलॉजी, विप्रो, कंप्यूटर एसोसिएट्स (अब ब्रॉडकॉम), माइक्रोसॉफ्ट, टाटा कंसल्टेंसी सर्विसेज, कॉग्निजेंट टेक्नोलॉजीज और कंट्रीवाइड (जो बाद में बैंक ऑफ अमेरिका बन गई) जैसी कंपनियों के लिए काम किया। लेकिन इस सुखद स्थिति तक पहुंचने के लिए, मैंने अपने बीसवें दशक के कीमती साल बर्बाद कर दिए। वह समय जब युवा आमतौर पर अपने करियर की नींव बनाते हैं, मैंने वह समय खुद को और अपनी क्षमताओं को लेकर अनिश्चितता में गुजारा।

मैं नहीं चाहता कि बाकी लोग मेरी जैसी गलतियां करें। मैंने उन कई युवाओं को सलाह दी है जिनसे मैंने काम के दौरान मुलाकात की, लेकिन मेरी छोटी सी दुनिया में मेरी पहुंच सीमित है। इस किताब के ज़रिए, मैं कई और लोगों पर असर डालने की उम्मीद करता हूं। मेरे परिवार की जड़ें बिहार में हैं, जो कभी अशोक, चाणक्य, और बुद्ध की गौरवशाली इतिहास के लिए

जाना जाता था, लेकिन अब कई राष्ट्रीय मानकों पर अच्छा प्रदर्शन नहीं कर रहा है। और क्योंकि लोग ही किसी जगह को बनाते हैं, जब हम किसी भी तरह के सकारात्मक बदलाव की बात करते हैं, तो हमें लोगों की ओर देखना पड़ता है। आज के युवाओं में बड़ी क्षमता है, लेकिन उनके पास इसे पूरा करने का धैर्य नहीं है। उत्तर प्रदेश और बिहार के युवा गणित और वैज्ञानिक दृष्टिकोण के लिए जाने जाते हैं, और जो अच्छा करते हैं, वे सिविल सर्विसेज में जाते हैं। इन दोनों राज्यों की सफलता दर उनकी क्षमता का प्रमाण है। लेकिन उन लोगों का क्या जो इन कठिन परीक्षाओं को पास नहीं कर पाते? वहाँ के ज्यादातर लोग दिशाहीन हैं, और यही कारण है कि वे ऐसे कामों में लग जाते हैं जो उनकी क्षमता से बहुत नीचे हैं और उनके असली सामर्थ्य का अपमान है।

यह किताब उनके लिए है। मैं चाहता हूं कि वे बड़ी तस्वीर को देखें। आत्ममंथन करें। पैटर्न को तोड़ें। आजमाए और परखे हुए रास्ते से हटें। और यह जानें कि जीवन यापन करना और व्यक्तिगत महानता हासिल करना संभव है और यह उनकी कल्पना से भी तेज़ हो सकता है।

जब मैंने पहली बार सोचा कि मैं अपने करियर के अनुभवों से दूसरों की मदद करने के लिए एक किताब लिखूंगा, तो मैंने इसे थोड़ा उल्टा शुरू किया। आमतौर पर लेखक अपनी किताब लिखते हैं और फिर एक शीर्षक सोचते हैं जो इसे सारांशित करता है। लेकिन मैंने ऐसा नहीं किया। मैंने शुरू में इस किताब का नाम रखा “एक सड़क मेरे नाम”। तो “एक सड़क मेरे नाम” मेरे ज़ीवन का सपना है। दुनिया भर में, सरकारें और समाज महान व्यक्तित्वों को उनके सम्मान में सड़कों का नाम देकर सेलिब्रेट करते हैं। उन्होंने समाज को बहुत कुछ दिया है, और समाज ने उनकी उपलब्धियों का जश्न मनाया है। मेरे जीवन की प्रेरणा यह है कि मैं कुछ ऐसा करूं जो भारत के लोगों की ज़िंदगियों पर प्रभाव डाले और उन्हें बेहतर बनाए। तो मैं ऐसा क्या करूं जो मेरे नाम पर भी एक सड़क बने? मैंने इसके लिए पहले ही काम करना शुरू कर दिया है। और यह किताब उसी का एक छोटा सा हिस्सा है।

आज मैं एक टेक्नोलॉजी लीडर, एंटरप्रेन्योर, इन्वेस्टर, परोपकारी, और लेखक हूं। यह अद्भुत है कि मैंने इतना कुछ हासिल किया है, यह देखते हुए कि मैंने लगभग तीस साल पहले एक कठिन शुरुआत की थी। मेरी बस यही ख्वाहिश है कि काश यह सब जल्दी हो गया होता। यही वजह है कि यह किताब मेरे लिए एक मौका है कि मैं यह मशाल आप सभी पाठकों को सौंप दूं, ताकि मेरे अनुभवों के जरिए आप अपनी सफलता का रास्ता छोटा कर सकें।

पढ़ने का आनंद लें!

अध्याय 1

क्यों मैं पायलट नहीं बना

मेरे बचपन के सपनों से सीखे गए सबक

"असफलता प्रक्रिया का हिस्सा है।
आप बस खुद को फिर से उठना सिखाते हैं।"
- मिशेल ओबामा

मुझे यह समझने में काफी समय लगा कि सिर्फ इसलिए कि आप किसी चीज़ को अपने पूरे दिल से चाहते हैं, इसका मतलब यह नहीं है कि आपको वह मिलेगा। ज़िंदगी ऐसे नहीं चलती। सपने देखने और फिर उस सपने को पूरा करने के लिए पूरी कायनात का साथ देने की जो बातें होती हैं, वो मेरे हिसाब से बस अच्छी बातें लगती हैं। अगर ऐसा होता, तो मैं अभी फाइटर जेट उड़ा रहा होता।

बचपन में, मैं भारतीय वायुसेना का फाइटर पायलट बनना चाहता था। यह ख्वाहिश छह साल की उम्र से मेरे हर ख्याल को घेरती थी। मैंने हर फैसला चाहे स्कूल में पढ़ाई के लिए विषय चुनने का हो या खेलों में हिस्सा लेने का इसी लक्ष्य को ध्यान में रखकर किया। अगर केवल किसी चीज़ को शिद्दत से चाहने भर से वह हासिल हो जाती, तो मेरी ज़िंदगी आज बिल्कुल अलग होती।

अब मुझे पता है कि मेरी डेस्क आज एक कॉकपिट क्यों नहीं है। ऐसा इसलिए हुआ क्योंकि मैंने उस वक्त अपने सपने को पाने के लिए अपनी

पूरी कोशिश नहीं की। इसके बजाय, मैंने अपनी किस्मत को कोसा, अपनी नाकामी के लिए "बदकिस्मती" को दोष दिया, और उस शक्ति को गाली दी जिसने मुझे इस स्थिति में छोड़ दिया। मुझे नहीं पता था कि अगर मैं फाइटर पायलट नहीं बन सका, तो मैं अपनी ज़िंदगी के साथ क्या करूंगा। लेकिन, मैंने खुद को संभाल लिया। रास्ते में, मैंने कुछ अहम सबक सीखे। यही वजह है कि यह किताब है। ये सबक और जो आप इनसे सीखेंगे, वो इस बात में फर्क ला सकते हैं कि आपको सफलता जल्दी मिलती है या आप बस ज़िंदगी के आगे बढ़ने का इंतजार करते हैं।

सबक #1: आपको अपनी पूरी ताकत लगानी होगी

जब मैं बच्चा था, मैं हर समय उड़ान के बारे में बात करता था। मेरे पिता भारतीय वायुसेना (आई.ए.एफ.) में जूनियर कमीशंड ऑफिसर के रूप में शामिल हुए और मास्टर वारंट ऑफिसर के रूप में सेवानिवृत्त हुए। उनका काम सतह से हवा में मार करने वाली मिसाइलों को लॉन्च करने में विशेषज्ञता था। मैंने फाइटर पायलट्स के बीच अपना बचपन बिताया और उनके चलने-फिरने और बोलने के तरीके की नकल करता था। मेरे बेडरूम की दीवारों पर उन 15 ऑफिसर-लाइक-क्वालिटीज़ (ऑफिसर लाइक क्वालिटीज़) के पोस्टर लगे थे जिन पर सशस्त्र बलों के अधिकारी चलते हैं। ऑफिसर लाइक क्वालिटीज़ वो मुख्य गुण हैं जो किसी उम्मीदवार की क्षमता को एक अधिकारी के रूप में परिभाषित करते हैं। अब लगभग तीस साल बाद भी, मुझे वे सभी याद हैं:

फैक्टर I – योजना और संगठन	फैक्टर II – सामाजिक समायोजन	फैक्टर III – सामाजिक प्रभावशीलता	फैक्टर IV – गतिशीलता
प्रभावी बुद्धिमत्ता	सामाजिक अनुकूलता	पहल	दृढ़ता
तर्क क्षमता	सहयोग	आत्मविश्वास	साहस
संगठनात्मक क्षमता	जिम्मेदारी की भावना	निर्णय की गति	सहनशक्ति
अभिव्यक्ति की शक्ति	समूहों को प्रभावित करने की क्षमता	जीवंतता	

मैंने मान लिया था कि मैंने ये सभी गुण आत्मसात कर लिए हैं और संघ लोक सेवा आयोग (यू.पी.एस.सी.) की संयुक्त रक्षा सेवा परीक्षा (सी.डी.एस.ई.) को पास करने के लिए पूरी लगन से पढ़ाई की। जिस दिन मैंने यह परीक्षा पास की, मैं सबसे खुश बच्चा था। इसके बाद व्यक्तित्व और शारीरिक परीक्षण थे, और यहीं मैं गड़बड़ कर गया।

चयन प्रक्रिया के बारे में: जब कोई सशस्त्र बल उम्मीदवार लिखित परीक्षा पास करता है, तो रक्षा मंत्रालय उन्हें सेवा चयन बोर्ड (एस.एस.बी.) साक्षात्कार के लिए स्थान आवंटित करता है। इस प्रक्रिया में 5 दिनों तक उम्मीदवार को वहां रहना पड़ता है और कई तरह के परीक्षण दिए जाते हैं:

पहला दिन: समूह चर्चा में नेतृत्व कौशल का परीक्षण।

अगले दिन: शारीरिक ताकत के परीक्षण और कमांड कार्य।

मनोवैज्ञानिक परीक्षण: खतरे और संघर्ष की विभिन्न स्थितियों में आपकी प्रतिक्रियाओं का आकलन।

अंतिम दिन: साक्षात्कार।

पांच दिनों की इस प्रक्रिया के अंत में परिणाम घोषित किए जाते हैं। चयनित उम्मीदवारों को रुकने के लिए कहा जाता है और बाकी को बस में बैठाकर निकटतम रेलवे स्टेशन तक छोड़ दिया जाता है। कोई अंक नहीं मिलते यह अनुमान लगाने के लिए कि मैं किस समूह में था। पहली बार मैं मैसूर में असफल हुआ। दिल्ली तक की ट्रेन यात्रा लंबी और दिल तोड़ने वाली थी। मेरे मन में बस यही सवाल था: "मैं कैसे असफल हो सकता हूं, जब मैंने इसे इतनी शिद्दत से चाहा था"?

दूसरी और तीसरी कोशिश: मैंने हार नहीं मानी। दूसरी बार मैंने फिर परीक्षा दी। इस बार भी लिखित परीक्षा पास करना आसान था। लेकिन वाराणसी में 5 दिन के परीक्षण के बाद, परिणाम वही रहा। कुछ महीनों बाद, मैंने तीसरी बार भोपाल में परीक्षा दी। इस बार मैं तय करके गया था कि अबकी बार मैं जरूर सफल हो जाऊंगा। लेकिन मैं गलत था। तीन बार

असफल होने के बाद, यह साफ था कि मुझे हार मान लेनी चाहिए। मेरे सपने ने दम तोड़ दिया।

दुर्भाग्यवश, रक्षा मंत्रालय कभी यह नहीं बताता कि आप क्यों असफल हुए। मुझे भी इस सवाल का जवाब बहुत सालों बाद मिला।

असल में, मैं एक अंतर्मुखी था जो शायद ही कभी पहल करता था। मेरी झिझक ने मुझे दूसरों से जुड़ने से रोक दिया। मैंने अपना सारा समय और प्रयास लिखित परीक्षा पास करने में लगा दिया और अपनी व्यक्तित्व वृद्धि पर ध्यान नहीं दिया। मुझे यह कड़वा अनुभव है कि अगर मैंने अपनी कमज़ोरियों पर काम किया होता, तो मेरा सपना सच हो सकता था।

मैंने अपने पिता के कार्यस्थल पर फाइटर पायलट्स को घूमते हुए देखा था। मुझे उनसे पूछना चाहिए था कि उन्होंने क्या तैयारी की, कौन-कौन से क्षेत्र पर ध्यान देना जरूरी है। लेकिन मैंने यह सब नहीं किया। सशस्त्र बल सिर्फ अधिकारी नहीं चाहते; वे नेतृत्वकर्ता और कमांडर चाहते हैं। मैंने अपनी गलत धारणाओं पर भरोसा किया और वही किया जो मुझे लगा कि पर्याप्त है।

इस असफलता ने मुझे सिखाया कि अपने सपने को पाने के लिए आपको सब कुछ झोंक देना चाहिए। उन लोगों से सलाह लें जिनका करियर आप अपनाना चाहते हैं। खुद को पूरी तरह तैयार करें। केवल अपनी सोच तक सीमित न रहें। मैं उम्मीद करता हूं कि आप मेरी इन गलतियों से सबक लेंगे और इन्हें दोहराने से बचेंगे।

सबक #2: जब मना करना सही हो तो जरूर मना करें

मैं बचपन में शर्मीला और अंतर्मुखी इसलिए था क्योंकि हमें सिखाया गया था कि 'ना' कहना मतलब बदतमीजी है। जो बच्चे 'ना' कहते थे, उन्हें अनुशासनहीन माना जाता था और डांटा जाता था। इसलिए 'ना' कहना जैसे मना था, और इस मूर्खतापूर्ण सबक को भूलने में मुझे काफी समय लग गया।

जब मैं सशस्त्र बलों में चयनित नहीं हुआ, तो मुझे अपनी जिंदगी की पूरी दिशा पर दोबारा विचार करना पड़ा। लेकिन ऐसा कोई फिल्मी पल नहीं था जहां अचानक सब सही हो जाता और अगले दिन मुझे अपना ड्रीम करियर मिल जाता। मुझे सही रास्ता खोजने में कई साल लगे।

तीसरी बार रक्षा मंत्रालय से अस्वीकृति के कुछ महीने बाद, मैं घर पर अखबार पढ़ रहा था। उन दिनों, टाइम्स ऑफ इंडिया के साथ असेंट नाम का सप्लिमेंट आता था, जिसमें नौकरियों के विज्ञापन होते थे। मैंने देखा कि एन.आई.आई.टी. (नेशनल इंस्टीट्यूट ऑफ इन्फॉर्मेशन टेक्नोलॉजी) को ग्राफिक डिज़ाइनर्स की ज़रूरत थी, और उसी दिन इंटरव्यू रखा गया था। मैंने जल्दी से कपड़े बदले, अपने पापा की स्कूटर ली, और निकल पड़ा। मैंने एक पल के लिए भी नहीं सोचा कि मुझे ग्राफिक डिज़ाइन के बारे में कुछ भी नहीं पता।

बिना किसी अनुभव या योग्यता के, मैं नई दिल्ली के कालकाजी स्थित एन.आई.आई.टी. के ऑफिस पहुंचा। वहां मैंने 12 घंटे से ज्यादा समय बिताया। मुझे टेस्ट में कठिनाई हुई, लेकिन फिर भी हर चरण पार करता गया। दिन के अंत में, एच.आर. ने कहा कि यह उनके लिए एक कठिन निर्णय था।

उन्होंने मुझसे कहा: मैं सिर्फ एक आर्ट्स ग्रेजुएट था। मेरे पास किसी कंप्यूटर इंस्टीट्यूट से एडवांस डिप्लोमा नहीं था। मैं कंप्यूटर चलाने तक का ज्ञान नहीं रखता था।

फिर भी, उन्होंने मुझे जॉब ऑफर किया। लेकिन मेरी इन कमियों के कारण, वे मुझे सिर्फ ₹ 3,200 प्रति माह देने को तैयार थे।

मैं वायुसेना में चयन न होने की निराशा से इतना परेशान था कि मैंने तुरंत यह ऑफर स्वीकार कर लिया। उस वक्त मुझे लगा जैसे मेरी कोई वैल्यू ही नहीं है।

अब जब पीछे मुड़कर देखता हूं, तो लगता है कि मैं कितना बेवकूफ था!

यह मेरी पहली बार ग्राफिक डिज़ाइन से जुड़ा काम था, और मैंने साफ तौर पर अच्छा प्रदर्शन किया था। वरना एन.आई.आई.टी. मुझे नौकरी क्यों देता? कोई भी कंपनी ऐसे व्यक्ति को नहीं रखती जिसे वह उस काम के लिए अयोग्य मानती हो। अगर मैं उस दिन अपनी कीमत समझता, तो मैं एच.आर. से कहता:

'ना, आप मुझे इससे ज्यादा सैलरी देनी होगी।› ‹ना' कहने की ताकत अगर मैंने ऐसा कहा होता, तो हो सकता है कि वे मुझे वही सैलरी देते, जिसका मैं वास्तव में हकदार था।

'ना' कहने की ताकत को मैं तब नहीं समझता था। ‹ना' कहना दिखाता है कि आप खुद की, अपने समय और अपने प्रयासों की कद्र करते हैं। यह आपको शोषण से बचाता है। ‹ना' कहने के लिए हिम्मत चाहिए। ‹ना' कहने से आप अपनी सीमाएं तय कर पाते हैं, जिससे आपको आजादी मिलती है। जब आप 'ना' कहना सीख लेते हैं, तो आप अपने लिए बेहतर सौदे कर सकते हैं। यह दिखाता है कि आप खुद को प्राथमिकता देते हैं और वही विकल्प चुनते हैं जो आपके लिए सबसे अच्छे हैं।

सबक #3: लक्ष्य → सोच → योजना

कुछ चीज़ें बहुत ही सरल होती हैं: बिना किसी लक्ष्य के, आपको ज्यादा सफलता मिलने की संभावना नहीं है। और अगर आप अपने लक्ष्य की कल्पना करते हैं, तो यह आपको वहां तक पहुंचने का रास्ता बनाने में मदद करेगा। आप पीछे से काम कर सकते हैं और यह तय कर सकते हैं कि वहां तक पहुंचने के लिए क्या करना होगा। मान लीजिए कि आप एक प्रोफेशनल फुटबॉल प्लेयर बनना चाहते हैं। केवल तब ही जब आप किसी क्लब या अपने देश के लिए खेलने का सपना देखते हैं, तो आप वहां तक पहुंचने का रोडमैप बना सकते हैं।

लेकिन सिर्फ सपना देखना या कोई विशलिस्ट बनाना काफी नहीं है। आपको एक बहुत ही डिटेल एक्शन प्लान चाहिए, जो टाइम-बाउंड हो। हम

सब एक सामान्य गलती करते हैं कि हमारे पास प्लान्स तो होते हैं, लेकिन हम उन्हें पूरा करने के लिए कोई डेडलाइन सेट नहीं करते। बिना डेडलाइन के, हम इंसान अक्सर फिसल जाते हैं। हम प्रोकास्टिनेट करते हैं और कीमती समय बर्बाद करते हैं।

इसलिए, एक स्पष्ट विज़न और एक स्पष्ट प्लान जो डेडलाइन के साथ हो, जिसे आप सेल्फ-डिसिप्लिन और ईमानदारी से फॉलो करें, वही आपको आपके लक्ष्य तक पहुंचाएगा।

यह नियम किसी भी करियर चॉइस को अपनाने वाले व्यक्ति पर लागू होता है। जब भी मैं किसी को मेंटर करता हूं, सबसे पहली चीज जो मैं उन्हें बताता हूं वह यह है कि अपनी आंखें बंद करें और यह विजुअलाइज़ करें कि उनका ड्रीम लाइफ कैसा दिखता है। अभी अपनी जिंदगी के बारे में भूल जाइए और कल्पना कीजिए कि आपने रिटायरमेंट ले लिया है। हो सकता है कि आप किसी पहाड़ी इलाके में किसी बंगले में रह रहे हों, जिसे पहाड़ और झरने घेर रहे हों। हो सकता है कि आप किसी बीच पर कॉकटेल पी रहे हों और समुद्र में तैर रहे हों। या फिर आप अपने लिविंग रूम की दीवार पर अपने बेहतरीन काम के लिए अवॉर्ड्स की लाइन देख रहे हों। यही आपकी एंड स्टेट है; यही आपका लक्ष्य है।

एक बार जब आप यह जान लें कि आप अपने कामकाजी जीवन के अंत में खुद को कहां देखते हैं, तो अपने रोल मॉडल्स या आइकॉन को पहचानें। उनके और उनके जीवन के बारे में रिसर्च करें। उस व्यक्ति की बैकग्राउंड क्या थी? उसने क्या किया? वह व्यक्ति खुद को कैसे कैरी करता है? वे कैसे ड्रेस करते हैं, कैसे चलते हैं, और कैसे बात करते हैं? आपको यह सब समझने की जरूरत है ताकि आप उन्हें फॉलो कर सकें। वही एक्शन हमेशा एक जैसे रिजल्ट देते हैं। इसलिए, अगर आप अपने रोल मॉडल्स की लाइफ फॉलो करते हैं, तो संभावना है कि आप भी वहीं पहुंचेंगे जहां वे हैं।

जब मैंने एन.आई.आई.टी. के साथ एक ग्राफिक डिजाइनर के रूप में काम करना शुरू किया, तो एक चीज थी जिसका मैं हमेशा इंतजार करता था: हर

सोमवार मेरे इनबॉक्स में एक ईमेल। कुछ कलीग्स, जो अमेरिका से अपने प्रोजेक्ट्स से वापस आते थे, एक मास ईमेल भेजते थे जिसमें बताते थे कि उन्होंने अपने डेस्क पर हर्शीज़ किसेज़ चॉकलेट्स रखी हैं। ये लोग बिजनेस कैज़ुअल कपड़े पहनते थे: एलन सॉली की शर्ट और पैंट और वुडलैंड के जूते। हालांकि कपड़े और जूते भारत में खरीदे गए थे, फिर भी मैं उनके जैसा बनना चाहता था। जब मैं वे अमेरिका-रिटर्न चॉकलेट्स खा रहा होता था, मैं अमेरिका में होने और वहां अपनी जिंदगी जीने का सपना देखता था। मैंने हॉलीवुड मूवीज देखना शुरू किया, भले ही मुझे उनका एक्सेंट समझने में दिक्कत होती थी। मैंने अमेरिका की एक मानसिक तस्वीर बनानी शुरू की। मैंने यह भी देखा कि जो लोग वहां से अपने प्रोजेक्ट्स के बाद लौटते थे, वे कौन से स्किल सेट्स रखते थे? वे वहां क्या करते थे? कॉफी वेंडिंग मशीन पर कुछ लोगों के साथ कैज़ुअली बात करते हुए, मैंने यह समझा कि अगर मुझे ऐसे किसी प्रोजेक्ट पर काम करना है जो मुझे अमेरिका ले जाए, तो मुझे कुछ टेक्निकल स्किल्स डेवलप करनी होंगी।

सौभाग्य से, मुझे एक मौका मिला जब हमारे कुछ प्रोडक्ट्स में क्वालिटी इश्यू के कारण हमें उन्हें फिर से डेवलप करना और बग्स को जल्दी से ठीक करना था। काम को अधिक प्रभावी बनाने के लिए, सभी को उनके प्रोडक्ट्स से संबंधित टेक्निकल ट्रेनिंग दी गई। मैंने इस ब्रेक को पकड़ा, ट्रेनिंग के लिए साइन अप किया और अपना माइक्रोसॉफ्ट सर्टिफाइड सिस्टम इंजीनियर (एम.सी.एस.ई.) सर्टिफिकेशन पूरा किया। इस सर्टिफिकेशन ने मुझे एक महीने का स्पेशल स्किल अलाउंस दिया। और मैंने इसके साथ क्या किया? मैंने अपना पहला एलन सॉली शर्ट और पैंट्स और वुडलैंड जूते खरीदे!

मुझे एक लक्ष्य मिला, मैंने एक विज़न प्लान पर काम किया, और ऐसे रोल मॉडल्स को ढूंढा जिनका मैं अनुकरण कर सकूं।

मैंने पहले बताया कि मैंने एन.आई.आई.टी. को सबसे निचले स्तर की पोजिशन पर जॉइन किया। कुछ महीनों में, मैं उस सैलरी ब्रैकेट से बाहर निकलने और अपनी फाइनेंशियल प्रॉस्पेक्ट्स को बेहतर बनाने के लिए बेताब था। तभी मैंने अपने करियर में फिर से इन्वेस्ट करना शुरू किया। एम.सी.

एस.ई. सर्टिफिकेशन ने मुझे अपने डिपार्टमेंट का अकेला ऐसा इंजीनियर बना दिया। यही वह था जिससे मैंने वे अवसर बनाए जो मुझे मेरी अंतिम मंजिल, संयुक्त राज्य अमेरिका तक ले जाने वाली सीढ़ी बने।

यह हमेशा की तरह किसी भी तरह से एक साधारण बात नहीं थी, और मैं इसके बारे में एक और अध्याय में और बताऊंगा।

सबक #4: नई दिशा लेना (पिवट)

अगर कुछ आपके लिए सही काम नहीं कर रहा है, तो बेहतर है कि आप एक नई दिशा ढूंढें। यह जीवन के हर पहलू में काम करता है, चाहे वह रिश्ते हों, वित्तीय स्थिति हो, या आपका करियर। जब किसी प्रोजेक्ट में आपका मन न लगे, तो यह एक बड़ा संकेत होता है कि वह आपके लिए नहीं है।

मेरे भतीजे का उदाहरण इस बात को समझाने के लिए बेहतरीन है। लगभग आठ-नौ साल पहले, मैं काम के सिलसिले में भारत आया और उससे डिनर पर मिला। वह नोएडा के एक निजी विश्वविद्यालय में बी.टेक. की पढ़ाई कर रहा था। बातचीत पढ़ाई की तरफ मुड़ी, और उसने बताया कि इंजीनियर बनना उसके दिल की बात नहीं थी। उसे फाइनेंस और निवेश की दुनिया अच्छी लगती थी, लेकिन उसे यह नहीं पता था कि इसे कैसे आगे बढ़ाया जाए। वह कॉलेज छोड़ने और अपने भविष्य को फिर से तय करने का सोच रहा था। यह एक समझदारी भरा कदम नहीं था, और मैंने उसे अपना मन बदलने के लिए मनाया। सही तरीका यह था कि वह अपनी पढ़ाई पूरी करते हुए उस क्षेत्र में नई स्किल्स हासिल करे, जिसमें वह रुचि रखता था।

वह कॉलेज में आठ से दस घंटे बिताता था, और बाकी का समय दोस्तों के साथ घूमने में। मैंने उसे सलाह दी कि वह अपने फ्री समय का कुछ हिस्सा फाइनेंस और निवेश के करियर को एक्सप्लोर करने में लगाए। मैंने उसे बताया कि बिना जानकारी के निवेश करना और अंदाजे पर काम करना बहुत गलत हो सकता है और इसके नतीजे खराब हो सकते हैं। उसे यह समझने की जरूरत थी कि शेयर मार्केट कैसे काम करता है।

चूंकि उसके माता-पिता उसके जीवन को फंड कर रहे थे, वे उसे कोर्स बदलने की अनुमति नहीं देते। इसलिए पहला कदम था आर्थिक स्वतंत्रता हासिल करना। मैंने उसे कुछ किताबें पढ़ने की सलाह दी जो उसके लिए मददगार हो सकती थीं। "रिच डैड पुअर डैड" क्योंकि यह वित्तीय समझ को बेहतर बनाने के लिए एक बेहतरीन किताब है, "हू मूव्ड माई चीज़"? बदलाव और अनुकूलन के लिए, और फिर "द पीटर प्रिंसिपल" कार्यस्थल में अयोग्यता की अटलता को समझने के लिए।

मुझे खुशी है कि उसने मेरी सलाह को गंभीरता से लिया। किताबों ने उस पर असर डाला क्योंकि एक दिन उसके पिता ने मुझे कॉल किया और बताया कि वह हमारी बातचीत के बाद अपने भविष्य को लेकर उत्साहित होकर घर लौटा और उसने स्टॉक मार्केट में साइड हसल के रूप में निवेश शुरू कर दिया। उसने नेशनल स्टॉक एक्सचेंज और बॉम्बे स्टॉक एक्सचेंज से कुछ सर्टिफिकेशन भी पूरे किए, जिसने उसे एक सफल स्टॉक ट्रेडर बनने के लिए जरूरी स्किल्स और इनसाइट्स दीं। यह एक मास्टरस्ट्रोक साबित हुआ, और अब वह एक सफल फाइनेंशियल कंसल्टेंट बन गया है और हर महीने अच्छा कमा रहा है। क्या यह शानदार नहीं है कि थोड़े से सही गाइडेंस से चीजें कितनी बेहतर हो सकती हैं? सही समय पर सही सलाह वाकई में आपकी जिंदगी बदल सकती है।

मेरे भतीजे की कहानी से यह समझने को मिलता है कि अपने जुनून की ओर बढ़ने के लिए कभी देर नहीं होती। अपनी असंतुष्टि को पहचानें और उसे अपने ऊपर हावी न होने दें। यह लग सकता है कि कोई रास्ता नहीं है, लेकिन जीवन एक लंबी यात्रा है, और हर कोई अंततः करियर और वित्तीय खुशी की ओर अपना रास्ता ढूंढ लेता है। आपको बस स्मार्ट तरीके से काम करना है।

हाल ही में मैंने एक और शख्स को मेंटर किया, जिसकी कहानी कुछ ऐसी ही थी। 2023 में मेरी मां के निधन के बाद, भारत में मेरे आखिरी दिन पर मेरी एक चाची ने मुझसे अपने पोते से बात करने को कहा। मैंने पिछले कुछ दिनों में उस लड़के को देखा था। वह और उसका मोबाइल फोन जैसे

अभिन्न साथी थे। आप एक को बिना दूसरे के नहीं देख सकते थे। वह दिन में कम से कम दो घंटे छत पर बैठा रहता था और फोन में खोया रहता था।

जैसे ही मैं अपने बैग पैक कर रहा था, हमने बातचीत शुरू की। उसने बताया कि वह बायोलॉजी की पढ़ाई कर रहा है। मैं ऐसे विषय को पढ़ने वाले ज्यादा युवाओं से नहीं मिलता, तो मैंने उससे पूछा कि उसे बायोलॉजी क्यों पसंद है। पता चला, उसे यह पसंद नहीं थी। उसे नहीं पता था कि वह स्कूल के बाद क्या पढ़ना चाहता है। जब उसकी मां ने बायोलॉजी का सुझाव दिया, तो उसने कंधे उचकाए और मान लिया। और अब न तो उसकी पढ़ाई में दिलचस्पी थी और न ही अपने भविष्य के लिए कोई उम्मीद।

यही तब होता है जब आप बिना मंजिल के जीवन में भटकते हैं। आधे मन से किया गया कुछ भी कीमती समय की बर्बादी है - ऐसा समय जिसे कुछ ऐसा करने में लगाया जा सकता है जो हर दिन को आनंदमय बनाए।

मैंने उसे वही सलाह दी जो मैंने अपने भतीजे को दी थी और पता चला कि उसे भी निवेश और फाइनेंस में करियर बनाने में दिलचस्पी थी। मैंने उसे वही किताबें पढ़ने की सलाह दी। हमारी बातचीत में मैंने जरूर उसकी नब्ज छू ली होगी क्योंकि घर लौटने के एक दिन बाद उसने मुझे उन किताबों की तस्वीर के साथ एक व्हाट्सएप मैसेज भेजा जो उसने खरीदी थीं।

यह देखना मेरे दिल को खुशी देता है कि मेरे अनुभवों से ऐसे युवा लाभान्वित हो रहे हैं। यह जानकर कि मैंने किसी की जिंदगी की दिशा बदलने में भूमिका निभाई है, एक बड़ी जिम्मेदारी है, और इसे मैं हल्के में नहीं लेता। ये वे बातें हैं जो मैं चाहता हूं कि किसी ने मुझसे की होतीं। हम सभी अपनी गलतियों से सीखते हैं - उम्मीद है। लेकिन अगर हम दूसरों की गलतियों से सीख सकें, तो हम उनके दिल तोड़ने वाले अनुभवों और दर्द के पलों से बच सकते हैं। मैंने ऐसा नहीं किया। लेकिन मैं चाहता हूं कि आप मेरी गलतियों से ऐसा कर सकें।

अध्याय 2

मैं फिर से असफल हुआ, और बार-बार असफल हुआ

बार-बार असफलताओं ने मुझे क्या सिखाया

"असफलता हमारे शिक्षक होनी चाहिए,
हमारा अंत नहीं। असफलता एक देरी है, हार नहीं। यह एक
अस्थायी मोड़ है, कोई मृत अंत नहीं। असफलता ऐसी चीज है
जिससे हम बच सकते हैं केवल कुछ न कहकर,
कुछ न करके और कुछ न बनकर।"
- डेनिस वेटली

क्या आप जानते हैं कि जब किसी रिश्ते का अंत होता है, तो 90-दिन का नियम होता है? यह कहता है कि आपको ब्रेकअप के बाद कम से कम तीन महीने का समय खुद को देने की जरूरत है ताकि आप चीजों को समझ सकें, खुद को ठीक कर सकें, और अपनी जरूरतों और इच्छाओं के बारे में सोच सकें। यह नियम जीवन के अन्य पहलुओं पर भी लागू होना चाहिए, जिससे हमें अपने घाव भरने और अपने सपनों के खत्म होने को अलविदा कहने का समय मिल सके।

दुर्भाग्यवश, जीवन हमेशा इतना दयालु नहीं होता। जब मैं बीस साल का था और मेरा लड़ाकू पायलट बनने का सपना चकनाचूर हो गया, तो मुझे अचानक अपने आरामदायक घोंसले से निकालकर बड़े, कठिन दुनिया में फेंक

दिया गया। अब मुझे बिना किसी सहारे के तैरना था और यह पता लगाना था कि मुझे अपने जीवन के साथ क्या करना है।

इसलिए मैंने थोड़ा बहुत वही किया जिसे आजकल के बच्चे 'एडल्टिंग' कहते हैं, और अपने सफलता के विचार को फिर से परिभाषित किया। अब मैं एक ऐसी नौकरी करना चाहता था जो मुझे अच्छी तनख्वाह दे, मुझे स्वतंत्रता दे, और जहां मुझे गरिमा और सम्मान के साथ देखा जाए।

सफलता का मतलब हम सभी के लिए अलग होता है। यह जीवन के विभिन्न चरणों में बदलती रहती है। लेकिन इसे हासिल करने के साधन सभी के लिए समान रहते हैं। आपका अंतिम लक्ष्य चाहे जो भी हो, उसे पाने के लिए जो प्रयास आप करते हैं और जिन नियमों का पालन करते हैं, वे नहीं बदलते।

इस अध्याय में, मैं उन सफलता के रहस्यों के बारे में बात करूंगा जो मेरे लिए काम आए हैं।

सबक #1: आत्म-अनुशासन

आत्म-अनुशासन वह नींव है जिस पर साम्राज्य बनाए जाते हैं, सपने साकार होते हैं, और भाग्य गढ़े जाते हैं।

मेरे अनुभव में, आत्म-अनुशासन का मतलब सिर्फ वो करना नहीं है जो आपको करना चाहिए, बल्कि वो न करना भी है जो आपको नहीं करना चाहिए। आत्म-अनुशासन का सबसे बड़ा दुश्मन है प्रलोभन। जितना आप किसी चीज़ का विरोध करने की कोशिश करेंगे, उतना ही आप उसके बारे में सोचते रहेंगे। इस प्रलोभन को मानसिक और शारीरिक रूप से रोकने की कोशिश आपको बताएगी कि आप कितने आत्म-अनुशासित हैं।

यही आत्म-अनुशासन था जिसने सुनिश्चित किया कि मैं यू.पी.एस.सी. की लिखित परीक्षा पास करूं। भले ही मैं एस.एस.बी. के फिजिकल और सोशल स्किल्स वाले परीक्षा के दूसरे पड़ाव को पार नहीं कर पाया, लेकिन

आत्म-अनुशासन ही था जिसने मुझे वहां तक पहुंचाया। मैं निश्चित रूप से वहां सबसे होशियार व्यक्ति नहीं था। लेकिन मैंने उतने घंटे पढ़ाई की जितने मुझे ज़रूरी लगे, और इसका परिणाम मुझे मिला।

आत्म-अनुशासन का सबसे कठिन हिस्सा है समय प्रबंधन (टाइम मैनेजमेंट) । अगर आप समय को प्रभावी ढंग से प्रबंधित करना सीख जाते हैं, तो बाकी सब चीज़ें अपने आप ठीक हो जाती हैं, और आप जिस सफलता की इच्छा रखते हैं, वो आपके पास होगी।

मुझे नहीं पता कि मैं ऐसा कैसे था, लेकिन मैंने बचपन से ही खुद को आत्म-अनुशासित बनाना सिखाया। एक ऐसी फैमिली में बड़े होने से, जो भारतीय सशस्त्र बलों का हिस्सा थी, निश्चित रूप से मदद मिली। सेना, नौसेना और वायुसेना के लोग जो नियमित और अनुशासित जीवन जीते हैं, उसकी एक वजह है। इस अनुशासन ने उन्हें किसी भी तरह की चुनौती का सामना करने के लिए हमेशा तैयार रखा।

जब मैं किशोर था, मैंने सब कुछ के लिए टाइमटेबल बनाया। इसमें एक्सरसाइज़, पढ़ाई का समय, खाने का समय और आराम करने का समय शामिल था। यह आदत मैंने आज तक बनाए रखी है।

समय प्रबंधन आपकी योजना से जुड़े रहने में मदद करेगा। और फिर यह योजना आपको उस काम से जुड़े रहने में मदद करेगी जो ज़रूरी है। मैंने महसूस किया है कि अगर कोई व्यक्ति सिर्फ समय पर ध्यान केंद्रित कर ले या आत्म-अनुशासन को समय प्रबंधन के आसपास विकसित कर ले, तो यह उसे सफलता की ओर ले जाएगा।

सबक #2: भगवान ने हम सभी के लिए एक मकसद तय किया है, इसलिए समझौता मत करो

भगवान हर किसी के लिए अलग हो सकते हैं। आपके लिए, भगवान एक सर्वज्ञ शक्ति हो सकते हैं जो इंसानों से ऊपर हैं। या आप भगवान को 'नसीब'

या 'यूनिवर्स' कहते हैं। चाहे आप इस शक्ति को कैसे भी परिभाषित करें, मैंने यह महसूस किया है कि भगवान ने हम सभी के लिए कुछ न कुछ योजना बनाई है। जैसा कि हम जानते हैं, यह योजना तुरंत आपके सामने प्रकट नहीं होगी। लेकिन यह अंततः आपके पास आएगी। तब तक आपको जीवन में अपना सर्वश्रेष्ठ देना होगा।

फाइटर पायलट बनने के अपने सपने को तीन बार आजमाने के बाद, मैंने अंततः स्वीकार कर लिया कि मुझे इस धरती पर शायद इस मकसद के लिए नहीं भेजा गया था। अगली कुछ महीनों की हताशा में, जब मुझे यह नहीं पता था कि मेरा भविष्य क्या होगा, मैंने अपने पिता और भाई के रास्ते पर चलने पर विचार किया।

भारतीय सशस्त्र बल दो स्तरों पर उम्मीदवारों को स्वीकार करते हैं। जो कोई भी 12वीं कक्षा पास कर चुका है या उसके समकक्ष डिप्लोमा रखता है, वह एयरमेन के लिए पात्र होता है। यह प्रवेश परीक्षा यू.पी.एस.सी. के मुकाबले काफी आसान है। लेकिन कमीशंड ऑफिसर बनने के लिए, वे ऐसे अधिकारियों की तलाश करते हैं जिनमें वे 15 ऑफिसर लाइक क्वालिटीज़ हों, जिनका जिक्र मैंने पिछले अध्याय में किया था। यही वजह है कि यू.पी.एस.सी. परीक्षा इतनी कठिन होती है।

मेरे पिता और भाई दोनों ने एयरमेन के रूप में जॉइन किया था। कमीशंड ऑफिसर बनने के लिए, मैंने फ्लाइंग, हॉर्स राइडिंग और शूटिंग जैसी स्किल्स सीखी थीं जो किसी अन्य करियर में उपयोगी नहीं थीं। इसलिए मैंने सोचा, क्यों न इस पारिवारिक प्रयास में शामिल हो जाऊं।

मैंने एयरमेन की परीक्षा दी, और वर्षों बाद, जब भी मैं शाहरुख खान के गेम शो "क्या आप पांचवी पास से तेज हैं?" को देखता, मुझे उस परीक्षा का नतीजा याद आता। उस शो में वयस्कों को उनकी क्लास 5 की जानकारी पर परखा जाता था। उन्हें सवालों के जवाब देते देखना मजेदार होता था, जो उन्होंने स्कूल में सीखे थे। यही हालत मेरी थी जब एयरमेन प्रवेश परीक्षा का परिणाम घोषित हुआ।

एक व्यक्ति, जिसने बेहद कठिन यू.पी.एस.सी. की लिखित परीक्षा तीन बार पास की थी, वह एक आसान परीक्षा में असफल हो गया, जिसे मैं शायद नींद में भी दे सकता था। अगर यह व्हाट्सएप पर होता, तो मैंने खुद को फेसपाम इमोजी जरूर भेजा होता।

शुक्र है, अब मैं वह हताश इंसान नहीं था, जिसने कुछ महीने पहले यह परीक्षा दी थी। मैं मानसिक रूप से शांत हो चुका था। मुझे ज्यादा समय नहीं लगा खुद को संभालने में, क्योंकि मुझे पता था कि भगवान नहीं चाहते थे कि मैं अपने इच्छाओं और काबिलियत से कम पर समझौता करूं।

भगवान के पास मेरे लिए बेहतर योजनाएं थीं। मुझे बस अपने सच्चे मकसद को ढूंढना था और आगे बढ़ते रहना था। खैर, मैंने वही किया, और मेरी जिंदगी मेरे अनुमान से बेहतर निकली।

सबक #3: कुछ चीजें वित्तीय स्वतंत्रता से ज़्यादा महत्वपूर्ण नहीं होतीं

2019 में, एक शानदार फिल्म सुपर 30 रिलीज़ हुई थी, जो बिहार के एक शिक्षक के बारे में थी, जिन्होंने 30 गरीब बच्चों को आई.आई.टी. के कठिन प्रवेश परीक्षा के लिए प्रशिक्षित किया। मेरा भी बिहार से पारिवारिक रिश्ता है, और जब मैं 16 साल का था, मेरे घर में इसका अपना एक संस्करण चल रहा था। फर्क बस इतना था कि मेरी कहानी को सुपर 4 कहा जा सकता था, क्योंकि जिन बच्चों को मैं पढ़ा रहा था, वे स्कूल में थे।

शायद कभी इस पर भी एक फिल्म बनेगी, लेकिन अभी के लिए, मैं खुश हूं कि इस अनुभव ने मुझे वित्तीय स्वतंत्रता की ओर बढ़ने का रास्ता दिखाया। यह एक ऐसा रास्ता है जिसे मैंने हमेशा संजोया है और जिस पर मुझे गर्व है। मैंने उन बच्चों को पढ़ाने का काम इसलिए लिया क्योंकि मैं अपने मोहल्ले में एक होशियार छात्र के रूप में जाना जाता था, और उनके माता-पिता चाहते थे कि मैं उन्हें स्कूल के बाद ट्यूशन दूं। मैंने उन्हें सभी विषय पढ़ाए।

मैंने उनके माता-पिता का ऑफर इसलिए स्वीकार किया क्योंकि मैं अपनी पढ़ाई के लिए कुछ पैसे कमाना चाहता था। मेरे पिता मेरे कॉलेज की फीस भर रहे थे, और मैं बाकी चीजों का खर्च खुद उठाना चाहता था। लेकिन मुझे तब भी समझ आ गया था कि पैसे की एक अद्भुत ताकत होती है। यही जगह थी जहां आत्म-अनुशासन ने मुझे बहुत मदद की। सिर्फ चार बच्चों से प्रति बच्चा 200 रुपये कमाना मेरे लिए पर्याप्त था।

वित्तीय लाभ के अलावा, उन बच्चों को पढ़ाने से मुझे सी.डी.एस.ई. परीक्षा के लिए अपने ज्ञान को दोहराने का भी मौका मिला। मैंने उस पैसे से पत्रिकाएं, अखबार और अन्य सामग्री खरीदी, जिससे मैं अपनी परीक्षा की तैयारी कर सकूं। मैंने वह पैसा अपनी पढ़ाई में पुनः निवेश किया। मैंने उसे किसी अन्य जरूरत पर खर्च नहीं किया, यहां तक कि पानी खरीदने पर भी नहीं। उन दिनों, गर्मियों के मौसम में दिल्ली की चिलचिलाती धूप में पानी का एक गिलास 25 पैसे में बिकता था। मुझे प्यास लगती थी, लेकिन मैं अपनी परीक्षा की तैयारी के लिए जरूरी चीजों को छोड़कर बाकी किसी भी चीज़ पर पैसा खर्च नहीं करना चाहता था।

इस तरह, मैंने अपने पिता से अतिरिक्त आर्थिक मदद मांगने की झिझक से बचा लिया। मैं आंशिक रूप से खुद के लिए जिम्मेदार था, और यह एक अद्भुत एहसास था। निश्चित रूप से, मेरे पिता मेरे लिए जो भी चाहिए होता, खुशी से वह सब देते, लेकिन मैं उन्हें ऐसा करने नहीं देना चाहता था।

यह तरह की वित्तीय स्वतंत्रता आपको अपनी जिंदगी के बारे में फैसले लेने के लिए बहुत जगह देती है। आप किसी के नियंत्रण में नहीं होते। पैसा आपको वह ताकत और आत्मविश्वास देता है कि आप जब चाहें "ना" कह सकें, और यह ऐसा एहसास है जो हर किसी को होना चाहिए। पैसा सशक्तिकरण और विकल्पों का प्रतीक है। केवल एक मूर्ख व्यक्ति ही खुद को इस ताकत से वंचित करेगा।

सबक #4: सीखते रहो, क्योंकि आप नहीं जानते कि यह आपको कहां ले जाएगा

पिछले अध्याय में मैंने बताया था कि मुझे एन.आई.आई.टी. में ग्राफिक डिजाइनर और विज़ुअलाइज़र के रूप में नौकरी मिली थी। मेरी टीम और मैंने ट्रांसमिशन कंट्रोल प्रोटोकॉल/इंटरनेट प्रोटोकॉल पर कोर्स डिज़ाइन किए, जिन्हें सीखने वाले लोग बुकस्टोर्स से सी.डी. के रूप में खरीद सकते थे। हमारी टेक्निकल टीम स्क्रिप्ट लिखती थी, और मेरा काम उसे मज़ेदार और रोचक बनाना था ताकि छात्रों को सीखने में मजा आए। वे अपनी कंप्यूटर पर इसे इंस्टॉल करते और खुद से सीखते।

इससे यह स्पष्ट है कि ई-लर्निंग का कॉन्सेप्ट अब के स्टार्टअप्स जितना नया नहीं है, बल्कि यह काफी पहले से चल रहा है।

एक दिन हमें बताया गया कि उन कोर्स में से साठ में गलतियां थीं और उन्हें तुरंत मार्केट से हटा लिया जाना चाहिए। उन कोर्स के टाइटल बदलने पड़े। इस प्रोजेक्ट में बहुत सारी दिक्कतें आईं, लेकिन हमने इसे समय पर पूरा कर लिया। दिलचस्प बात यह है कि हमने इस प्रोजेक्ट का नाम क्यू.ई-2 रखा था, जो क्वीन एलिजाबेथ 2 जहाज के नाम पर था। वह जहाज टाइटैनिक के बाद बनाया गया था। हम यह सुनिश्चित करना चाहते थे कि हमारा प्रोजेक्ट टाइटैनिक की तरह ना डूबे, और हम सही साबित हुए।

जब काम खत्म हो गया और हमने राहत की सांस ली, तो हमें एक मीटिंग के लिए बुलाया गया। मीटिंग का मकसद था इस पूरी घटना से सीखा गया सबक समझना। तब तक मैंने एन.आई.आई.टी. में कुछ महीने बिता लिए थे और मुझे अपने विचार रखने का आत्मविश्वास था। मैंने सुझाव दिया कि ग्राफिक डिजाइनर्स को भी टेक्निकल नॉलेज दी जानी चाहिए। आखिरकार, हम ही तो स्क्रिप्ट को रोचक बनाते थे। अगर हमें सॉफ़्टवेयर के काम करने का तरीका पता होता, तो हम अपना काम और बेहतर तरीके से कर पाते।

मुझे खुशी है कि मैंने यह बात उठाई, क्योंकि यही मेरे करियर के अगले चरण का आधार बनी। लीडरशिप टीम ने इस सुझाव को स्वीकार किया, लेकिन ग्राफिक डिजाइनर्स को इस प्रोजेक्ट पर तभी रखा जाएगा, जब वे टेक्निकल ट्रेनिंग कोर्स पूरा करने के बाद टेस्ट पास कर लें।

मैंने हमेशा की तरह पूरी मेहनत की और कुछ नया सीखने को लेकर उत्साहित था। टेस्ट मेरे लिए आसान हो गया, और मुझे यह जानकर हैरानी हुई कि मैंने इसमें टॉप किया। परीक्षा देने वाले दस अन्य लोगों में से, मैं अकेला ऐसा था जिसे कंप्यूटर की कोई तकनीकी जानकारी या इंजीनियरिंग डिग्री नहीं थी। मैं खुश था, और मेरे मैनेजर भी प्रभावित हुए।

मैंने इसके बाद कुछ और प्रोजेक्ट्स पर काम किया, जिनसे मुझे बहुत रचनात्मक संतुष्टि मिली। एक दिन, मैं एक प्रोजेक्ट का बैकअप बना रहा था, और तभी मैंने एक साधारण लेकिन महत्वपूर्ण बात पर ध्यान दिया। जब कोई फाइल एक फोल्डर से दूसरे फोल्डर में ट्रांसफर होती है, तो स्क्रीन पर वह उड़ती हुई दिखती है। मुझे अहसास हुआ कि यह फाइल ट्रांसफर का कितना सही चित्रण है। बैकएंड पर 0 और 1 का काम हो रहा होता है, लेकिन जो उपयोगकर्ता स्क्रीन पर देखते हैं, वह किसी ग्राफिक डिजाइनर द्वारा बनाया गया होता है।

यह सोचकर मैं अपनी जॉब के प्रति और आकर्षित हो गया। मैंने खुद से यह जानने की कोशिश की कि क्या मैं ग्राफिक्स और विज़ुअल्स के ज़रिए कुछ सीख सकता हूं। मैंने कोर्स अपने कंप्यूटर पर इंस्टॉल किया और ग्राफिक्स की मदद से सीखना शुरू कर दिया। हैरानी की बात यह थी कि यह मेरे लिए अपेक्षाकृत आसान था!

जब मैंने अपने दोस्त संतोष सोनी को इस बारे में बताया, तो उन्होंने चुपचाप एक ऐसा कदम उठाया, जिसने मुझे उस वक्त तो चौंका दिया, लेकिन बाद में मेरी जिंदगी का सबसे बड़ा उपकार साबित हुआ।

उन्होंने अपने पैसे से ₹ 850 खर्च कर मुझे माइक्रोसॉफ्ट सर्टिफाइड सिस्टम इंजीनियर सर्टिफिकेशन प्रोग्राम के लिए नामांकित कर दिया। यह

सर्टिफिकेशन "विंडोज़ एनटी 4.0 टीसीपी/आईपी" पर आधारित था। अब तक मैं केवल कंप्यूटर के साथ खेल-खेल में काम करता था और इसे गंभीरता से नहीं लेता था। यह सर्टिफिकेशन मेरे स्तर से कहीं ऊपर था। लेकिन मेरे दोस्त ने ज़िद की कि मुझे इसे करना चाहिए।

मैंने परीक्षा दी और, एक बार फिर मेरी उम्मीदों से परे, मैंने 1,000 में से 900 अंक हासिल किए। कौन सोच सकता था कि मैं, जो एन.आई.आई.टी. में महज एक संयोग से पहुंचा था, इतना अच्छा प्रदर्शन करेगा? इसके बाद, जैसा मैंने अपने दोस्त से वादा किया था, मैंने उसी सर्टिफिकेशन के लिए पांच और टेस्ट दिए।

इन कठिन परीक्षाओं को पास करते हुए मुझे लगने लगा कि कुछ अद्भुत होने वाला है। ये मुश्किल टेस्ट थे, और मैं दुनिया में लगभग 35,000वां व्यक्ति था जिसने यह सर्टिफिकेशन हासिल किया।

मेरे पास एक अत्यधिक सहायक मैनेजर थे, जो मेरी क्षमता पर विश्वास करते थे। उन्होंने मुझे प्रमोट कराने के लिए पर्दे के पीछे बहुत मेहनत की। उन्होंने एक ईमेल लिखा, जिसे मुझे कॉपी करके उन्हें भेजने को कहा, ताकि वे इसे हमारे सुपरियर्स को फॉरवर्ड कर सकें। उसी ईमेल की वजह से मुझे तकनीकी विभाग में प्रमोट किया गया।

यहीं से मेरी टेक्नोलॉजी की यात्रा शुरू हुई। और यह सब कुछ नया सीखने की मेरी उत्सुकता की वजह से संभव हुआ। मैं जिज्ञासु था, भले ही मैं विषय में ज्यादा रुचि नहीं रखता था। यह साबित करता है कि जिंदगी हमें कहां ले जाएगी, यह हम नहीं जानते। हमें बस खुले दिमाग से जितना हो सके सीखते रहना चाहिए। और यही, कुछ दयालु लोगों के साथ, मुझे शानदार तरीके से फायदा पहुंचा।

सबक #5: पीछे मत देखो; वहां कुछ नहीं है

क्या आपने कभी महसूस किया है कि जब आपकी जिंदगी में कुछ अच्छा होता है, तो आप तुरंत अगले अच्छे मौके के बारे में सोचना शुरू कर देते हैं? जब मुझे एन.आई.आई.टी. में सिस्टम एडमिनिस्ट्रेटर की नौकरी मिली, तो मुझे लगा कि मेरे लिए कुछ और बेहतर बस आसपास ही है। इसलिए मैंने अंतरराष्ट्रीय अवसरों की तलाश शुरू कर दी। उन सोमवार सुबह के चॉकलेट्स ने मेरे दिमाग में एक अमेरिकी सपने का बीज बो दिया था, और मैं ऐसे रास्ते खोजने लगा जो मुझे विदेश ले जा सकें।

जल्द ही मुझे पेपाल नामक कंपनी से इंटरव्यू का कॉल आया। उस समय कोई पेपाल को नहीं जानता था, लेकिन आज हम इसे एलन मस्क के दूसरे स्टार्ट-अप के रूप में जानते हैं। मस्क ने एक्स.कॉम नामक एक डायरेक्ट बैंक की शुरुआत की थी, जो बाद में कॉन्फिनिटी के साथ मर्ज होकर पेपाल बना। मैंने इंटरव्यू में शायद अच्छा प्रदर्शन किया, क्योंकि मुझे नौकरी का ऑफर मिला और $55,000 (जो उस समय के पच्चीस लाख रुपये के बराबर थे) की सैलरी की पेशकश की गई। मैंने इतने पैसे का सपना भी नहीं देखा था, और मैंने कुछ मिनट यह जांचने में लगाए कि शून्य सही थे या नहीं।

अब तो मेरे दिन में सपने शुरू हो गए। जब भी मैं अपनी आंखें बंद करता, मैं एक मित्सुबिशी पजेरो–जो उस समय की सबसे हॉट कार थी–को अपने सामने देखता। मुझे यहां तक पता था कि इसका रंग कैसा होगा: सफेद और लाल दरवाजे के साथ। अब मुझे कोई नहीं रोक सकता था। मैं अमेरिका जाने वाला था, घर पैसे भेजने वाला था, और मेरे माता-पिता एक महल बनाना शुरू कर सकते थे।

ऑफर लेटर मिलने के बाद, मैं अपने होमटाउन मुजफ्फरपुर, बिहार गया, जहां हमारा फैमिली रीयूनियन हुआ। मेरा परिवार मेरे करियर के बारे में उत्साहित था, लेकिन वे इस बात को लेकर चिंतित थे कि मैं विदेश में अपनी राह भटक जाऊंगा। मैंने अभी एन.आई.आई.टी. की नौकरी नहीं छोड़ी थी, क्योंकि पेपाल से वीज़ा पेपर्स अभी तक नहीं आए थे। परिवार के दबाव

में आकर मैंने अपनी नौकरी छोड़ दी और समय घर पर बिताने का फैसला किया। यह मेरे जीवन के सबसे समझदारी भरे फैसलों में से एक नहीं था।

उस समय, मेरे माता-पिता मुजफ्फरपुर में रिटायरमेंट की जिंदगी जी रहे थे और मैं दिल्ली में अकेला रहता था। इसलिए मैंने एन.आई.आई.टी. के ऑफिस का पता अपने सभी पत्राचार के लिए दिया था। जब वीज़ा पेपर्स एन.आई.आई.टी. भेजे गए, तो मैं वहां उन्हें रिसीव करने के लिए नहीं था। मैंने मान लिया कि कूरियर पैकेज मुझे पहुंच जाएगा, भूलते हुए कि पता अलग था। जब मेरी यात्रा की तारीख नजदीक थी, तो रिक्रूटर ने मुझसे पूछा कि मेरा वीज़ा इंटरव्यू कब शेड्यूल किया गया है।

मुझे पता चला कि पेपर्स एन.आई.आई.टी. के पते पर भेजे गए थे। यह सुनते ही मेरा दिल धक-धक करने लगा। मैं ऑफिस की ओर भागा और देखा कि डिलीवरी का जिक्र गार्ड के रजिस्टर में किया गया था। लेकिन कोई नहीं जानता था कि वो कहां है। मुझे लगा कि कुछ सहकर्मियों ने इसमें गड़बड़ की होगी, जो दस-बारह साल से टेक्निकल रोल में थे और उन्हें यह अच्छा नहीं लगा कि मुझे प्रमोशन मिला और इतनी कम उम्र में विदेश की नौकरी का ऑफर।

अमेरिकी सपना खत्म हो गया। मित्सुबिशी पजेरो मेरी आंखों के सामने से गायब हो गया। और मैंने एन.आई.आई.टी. की नौकरी छोड़ दी थी। सबसे आसान विकल्प यह होता कि मैं अपने मैनेजर को फोन करता और उनसे मुझे उस नौकरी के लिए फिर से विचार करने के लिए कहता। मुझे ऐसा करने की सलाह भी दी गई थी। लेकिन मुझे पीछे मुड़कर देखना पसंद नहीं। वो सब बीता हुआ था और वहां वापस जाने का कोई मतलब नहीं था।

मैंने तय किया कि मुझे आगे बढ़ना है। मैंने अपनी स्किल्स पर भरोसा किया और उन्हें अपनी दलील का सहारा बनाया।

कुछ ही हफ्तों में, मुझे दिल्ली की एक प्राइवेट कैपिटल इन्वेस्टमेंट कंपनी में मैनेजर का रोल मिल गया। वहां मैंने इतना अच्छा प्रदर्शन किया कि पहले

साल के खत्म होने से पहले ही मुझे बोनस मिल गया, जो उस कंपनी में पहले कभी नहीं हुआ था।

हमें सभी को अपने जीवन में ऐसे क्षणों का सामना करना पड़ता है, जब आरामदायक विकल्प सही लगता है। लेकिन आराम से कोई बदलाव नहीं आता। हमें खुद को परखने के लिए वहां बाहर निकलना पड़ता है। और जब आप वह मौका लेते हैं और पीछे नहीं देखते, तो संभावनाओं की एक नई दुनिया आपके सामने खुल जाती है।

सबक #6: जो भी फैसला आप किसी भी परिस्थिति में लेते हैं, वह उस समय का सबसे अच्छा फैसला होता है

मैं निवेश फर्म में अपना समय एंजॉय कर रहा था क्योंकि मैंने वहां कई चीजों को बेहतर किया था। मेरा सबसे गर्व का क्षण तब आया जब मैंने कंपनी को माइक्रोसॉफ्ट को 35 लाख रुपये के पेनल्टी से बचाया, उन्हें एक दूसरे प्लेटफॉर्म पर शिफ्ट करके। यह एक बड़ी बात थी, और मेरे प्रयासों की सराहना की गई।

एक दिन, हालांकि, मैंने अपने एक सहकर्मी को यह बात करते हुए सुना कि हमने हाल ही में जो माइक्रोसॉफ्ट सॉफ़्टवेयर खरीदा था, जिसकी कीमत लगभग 4 लाख रुपये थी, उसमें मेरी टीम और मुझे कमीशन मिला होगा। जैसे कार्टून में गुस्से वाले जानवर धीरे-धीरे और ज्यादा लाल हो जाते हैं, वैसा ही मैं महसूस कर रहा था। मैं अपने सहकर्मी के पास गया और उस पर चिल्लाया जैसे मैंने पहले कभी किसी पर नहीं चिल्लाया था। मैंने कभी एक रुपया नहीं लिया था जो मेरा नहीं था, और अब कोई मुझ पर लाभ चुराने का आरोप लगा रहा था!

मैं तुरंत अपने ऑफिस गया, अपना इस्तीफा टाइप किया, मैनेजर को भेजा, और बाहर चला गया। अगले कुछ दिनों में मुझसे माफी मांगने वाले बहुत सारे कॉल आए, लेकिन मैं अपने फैसले से पीछे हटने वाला नहीं था।

एक बार फिर, जब मैं अपने प्रदर्शन के शिखर पर था, मुझे एक और झटका लगा, और मैं फिर से बेरोजगार हो गया।

हालांकि, यह कहानी के महत्वपूर्ण हिस्से "मैंने इससे क्या सीखा" तक पहुंचने का केवल सेटअप है। कई लोगों ने कहा कि मेरा फैसला गलत था, क्योंकि मैंने एक आरोप पर नौकरी छोड़ दी, जबकि बाद में उन्होंने माफी भी मांगी। और शायद यह था। लेकिन इसने मुझे आगे बढ़ने का मौका दिया। सब कुछ अच्छा निकला, इसलिए मुझे इसका कोई पछतावा नहीं है।

आप सोच सकते हैं: पीछे मुड़कर देखना आसान है क्योंकि अंततः मेरे लिए सब कुछ ठीक हो गया। लेकिन यह इतना अच्छा भी नहीं हो सकता था। पूरी ईमानदारी से कहूं तो, मुझे उस समय भी अपने फैसले पर पछतावा नहीं हुआ था। मैं अपने लगभग 27-29 साल की उम्र में था, और शायद यह मेरी युवावस्था थी जो मुझे बता रही थी कि मैं दुनिया को नियंत्रित करता हूं और कोई मुझे नहीं रोक सकता।

कुछ ऐसा जो मैंने हमेशा जीवन में सीखा और दोबारा सीखा है, वह यह है कि जब आप कोई भी निर्णय लेते हैं, तो वह उस समय का सबसे अच्छा निर्णय होता है, उस परिस्थिति में। समय ही बताएगा कि यह सही था या गलत। लेकिन, उस खास पल में, हर कोई केवल वही निर्णय लेता है जो वह सही मानता है। कुछ लोग ऐसे समय में अपनी इंस्टिंक्ट के साथ चलते हैं। अन्य, भले ही वे इसे भावनात्मक रूप से लें, कुछ विकल्पों का मूल्यांकन जरूर करते हैं।

जो भी कारण हों, यह वही सबसे अच्छा निर्णय होता है जो आपका दिमाग उस समय निकालता है। इसलिए, अगर यह आपके पक्ष में नहीं जाता है, तो बाद में इसे लेकर पछताने का कोई मतलब नहीं है। आपको खुद से यह कहना होगा कि यह हो गया है; यह कौन बनेगा करोड़पति पर लॉक किया गया उत्तर है। बस आगे बढ़ते रहें और देखें कि अब आप क्या कर सकते हैं। यह बेहतर है कि आप कोर्स-करेक्ट करें बजाय इसके कि आप सोचते रहें और चाहें कि काश आपने ऐसा न किया होता।

शायद मैं ऐसा इसलिए हूं क्योंकि सभी ऑफिसर लाइक क्वालिटीज़ ट्रेनिंग्स मेरे नैतिक ढांचे का हिस्सा थीं। बचपन में, मेरे दिमाग में, मैं पहले ही एक फाइटर पायलट था। मैं खुद को इस तरह से तैयार कर चुका था। फाइटर पायलट अकेले उड़ते हैं। वे कॉकपिट में अकेले होते हैं, ध्वनि की गति से दोगुनी रफ्तार से उड़ते हुए। मैंने हमेशा खुद से कहा कि मैं वही हूं जो 200 करोड़ रुपये के विमान के लिए निर्णय लेने वाला हूं, जिसमें मैं बैठूंगा।

यही मैंने सोचा होगा जब मैंने बस नौकरी छोड़ने का फैसला किया। मैंने इसे अपने माता-पिता, भाई-बहनों, या दोस्तों के साथ कभी चर्चा नहीं की। और मैं इसके बारे में पूरी तरह ठीक था। मैंने खुद को अपनी जिंदगी की जिम्मेदारी लेने के लिए तैयार किया था, और मैं इसे इसी तरह से कर रहा था।

मैं यह उड़ान खुद रनवे तक ले जाने वाला था।

अध्याय 3

बदलते लक्ष्य

बदलती परिस्थितियों के साथ तालमेल बैठाना

"सकारात्मक बदलाव के भविष्य को डिज़ाइन करने के लिए, पहले हमें अपने दिमाग को बदलने में माहिर बनना होगा।"
- जैक फ्रेस्को

मुझे "बेशर्म" शब्द बहुत पसंद है। यह शब्द अक्सर भारतीय समाज में उन लोगों के लिए इस्तेमाल किया जाता है जो नियमों का पालन नहीं करते, जो अपनी ही धुन पर नाचते हैं, और जिन्हें दूसरों की परवाह नहीं होती। बेशर्म लोग अपने द्वारा लिए गए निर्णयों के लिए और समाज के अनकहे नियमों को तोड़ने के लिए अक्सर आलोचना का शिकार होते हैं।

लेकिन, इतिहास अच्छे व्यवहार वाले लोगों से कम ही बनता है। मैं इसका जीता-जागता उदाहरण हूं। मैंने किसी देश की किस्मत नहीं बदली। न ही मैंने कोई क्रांतिकारी आविष्कार किया। लेकिन मैंने अपनी ज़िंदगी की दिशा को पूरी तरह से बदल दिया। मैंने खुद को संघर्षों से उठाया और अपने लिए एक ऐसी ज़िंदगी बनाई जो उन लोगों की उम्मीदों से कहीं बेहतर थी जो मुझे सालों पहले जानते थे। और मैंने यह सब "बेशर्म" होकर किया।

सबक #1: बेशर्म बनो!

कई साल पहले मैंने टीवी पर एक शो देखा, जिसमें पूर्व क्रिकेटर नवजोत सिंह सिद्धू अपनी उपलब्धियों के बारे में बात कर रहे थे। उन्होंने एक बात कही जो मेरे दिल में घर कर गई: "दुनिया का सबसे बड़ा रोग, क्या कहेंगे लोग।" यह बात इस बात की अद्भुत समझ देती है कि कैसे लोग दूसरों की प्रतिक्रिया के डर से खुद को रोक लेते हैं और अपने पूरे जीवन को नहीं जी पाते। वे अपने कार्यों को लेकर दूसरों की प्रतिक्रिया के बारे में सोचते हैं और किसी भी टकराव से बचने के लिए खुद को बदल लेते हैं। और इस प्रक्रिया में, वे संकुचित जीवन जीते हैं और शायद ही अपनी पूरी क्षमता को समझ पाते हैं।

खुशकिस्मती से, मैं उन बेशर्म लोगों में से था। मैंने हर कदम पर वही किया जो मुझे सही लगा, और यह मुझे उस सफल जीवन तक ले गया जिसे मैं आज जी रहा हूं।

अगर आपको याद हो, मैंने एक इन्वेस्टमेंट फर्म में मैनेजर की पोजीशन छोड़ दी थी क्योंकि मुझ पर कमीशन लेने का आरोप लगाया गया था। मैंने वापस लौटने से इनकार कर दिया, भले ही उन्होंने अपनी गलती मानी और मुझसे लौटने की गुजारिश की। मैं अपनी ईमानदारी पर सवाल उठाना कभी बर्दाश्त नहीं कर सकता। इसलिए, मैं फिर से बेरोजगार हो गया।

एक दिन, सड़क पर गाड़ी चलाते हुए, मैंने एक कॉल सेंटर में नौकरी के लिए एक विज्ञापन देखा। यह कॉम्पैक की तकनीकी सहायता का हिस्सा था। उस समय मेरे पास नौकरी नहीं थी, तो मैंने सोचा कि क्यों न इसे आज़माया जाए?

कॉल सेंटर में काम करना, जहां मुझे अमेरिकी लहजे में ग्राहकों के सवालों के जवाब देने थे, किसी और के लिए शर्मिंदगी का कारण हो सकता था। आखिरकार, मैं एक माइक्रोसॉफ्ट-सर्टिफाइड इंजीनियर था, दुनिया के केवल 35,000 लोगों में से एक। और यहां मैं उन अंडरग्रेजुएट्स के साथ प्रतिस्पर्धा कर रहा था, जो सिर्फ पॉकेट मनी के लिए कॉल सेंटर में काम करना चाहते थे।

ऐसी नौकरी लेना जो आपके कौशल से कम हो, शर्मिंदगी भरा हो सकता है, खासकर जब लोग अपने काम से अपनी पहचान बनाते हैं। हां, उस कमरे में बैठना, उन लोगों के साथ जो मेरी आधी भी योग्यता नहीं रखते थे, और वही नौकरी पाना मेरे लिए शर्मनाक हो सकता था। मैं सक्रिय रूप से अपने जीवन में उद्देश्य की तलाश कर रहा था और जानना चाहता था कि क्या यही वह जगह है जो मुझे करियर संतुष्टि देगी।

आखिरकार, मैं उस नौकरी के लिए ओवरक्वालिफाइड था क्योंकि मैंने भाषा और कंप्यूटर कौशल के दोनों टेस्ट में 100 प्रतिशत अंक हासिल किए। वास्तव में, इंटरव्यू लेने वालों को लगा कि यह मेरा दूसरा या तीसरा प्रयास था क्योंकि मुझे सभी सवालों के जवाब पता थे।

जब मैंने उन्हें यकीन दिलाया कि यह पहली बार था जब मैंने उनके ऑफिस में कदम रखा था, तो मुझे नौकरी मिल गई। मुझे एक नौकरी मिली और मैं इससे बहुत खुश था। मैंने एक महीने की प्रोसेस और वॉयस एंड एक्सेंट ट्रेनिंग पूरी की।

तकनीकी पहलुओं के बारे में मुझे पहले से ही पता था क्योंकि मेरी माइक्रोसॉफ्ट सर्टिफिकेशन थी। लेकिन उच्चारण की ट्रेनिंग मेरे लिए थोड़ी कठिन थी। जब मैंने पहली बार कॉल का जवाब दिया, तो मैं बहुत नर्वस था। मैंने पहले कभी किसी अमेरिकी व्यक्ति से बात नहीं की थी। क्या उन्हें पता चल जाएगा कि मैं रोनाल्ड (मेरा उपनाम) नहीं, बल्कि सीधा-सादा राकेश हूं?

मेरा पहला कॉल चल ही रहा था कि किसी ने मेरे कंधे पर थपथपाया और मुझे कॉल डिस्कनेक्ट कर कॉन्फ्रेंस रूम में ऑपरेशन्स के वाइस प्रेसिडेंट से मिलने को कहा।

"लो, एक और नौकरी गई," यह मेरा पहला ख्याल था।

लेकिन हुआ इसका उल्टा। मेरा ट्रेनर, जो मेरा मैनेजर भी था, उसी दिन नौकरी छोड़ चुका था, और मुझे उसकी पोजीशन भरने के लिए कहा गया।

क्या मैंने सही सुना? मुझे नौकरी के पहले ही दिन ट्रेनर की पोजीशन के लिए प्रमोट किया जा रहा था?

उस नौकरी ने मुझे यह सिखाया कि किसी भी काम को लेकर शर्म महसूस नहीं करनी चाहिए। सभी नौकरियां सम्मान के योग्य हैं। अगर मैंने शर्म महसूस की होती, तो मैं उस कॉल सेंटर में कदम नहीं रख पाता। अगर मैं बेशर्म बनना नहीं सीखता, तो शायद मुझे वह आत्मविश्वास नहीं मिलता जो इंटरव्यू पास करने और पहले दिन प्रमोट होने से मिला।

सबक #2: किसी को भी आपको हल्के में लेने मत दें

कॉल सेंटर की नौकरी से पहले, मैंने दिल्ली के एक कंप्यूटर ट्रेनिंग इंस्टीट्यूट में काम किया था। मेरी माइक्रोसॉफ्ट सर्टिफिकेशन ने मुझे अनोखे कौशल दिए थे, और ऐसे लोगों की काफी डिमांड थी जो दूसरों को वह सिखा सकें। मुझे तुरंत नौकरी मिल गई और मैंने पढ़ाना शुरू कर दिया।

एक महीने बाद, जब मेरी सैलरी मिलने का समय आया, तो मेरे बैंक अकाउंट में कुछ भी क्रेडिट नहीं हुआ। एक और हफ्ता गुजर गया, फिर भी कुछ नहीं।

मैंने एक सहयोगी से बात की, जिसने मुझे बताया कि पूरी टीम को पिछले सात महीने से सैलरी नहीं मिली थी! यह कैसे संभव था? लोग बिना वेतन के वहां काम क्यों कर रहे थे?

मैंने वाइस प्रेसिडेंट से बात की, जिन्होंने मुझे हल्के में लेते हुए कहा कि मैं कोई खास नहीं हूं और मुझे बाकी लोगों के साथ ही सैलरी दी जाएगी। अब मुझे गुस्सा आ गया। फर्क नहीं पड़ता कि कंपनी दूसरों के साथ कैसा व्यवहार करती है, लेकिन मुझे मेरी सैलरी कल ही चाहिए थी।

चूंकि यह कंपनी सिंगापुर बेस्ड थी, मैंने वहां के एक सीनियर को ईमेल लिखा और उन्हें भारत के उनके ऑफिस की गतिविधियों के बारे में बताया।

मुझे खुशी है कि मैंने ऐसा किया क्योंकि तीन दिन बाद, मुझे मेरी बकाया सैलरी मिल गई।

जैसे ही पैसे मेरे अकाउंट में आए, मैंने तुरंत इस्तीफा दे दिया। मैं ऐसी कंपनी में काम नहीं करना चाहता था जो अपने कर्मचारियों के काम की कद्र नहीं करती। हम सभी यहां काम करने और अपनी जिंदगी चलाने के लिए पैसे कमाने आते हैं। जो कंपनी यह बात नहीं समझती, वह आपके समय के लायक नहीं है।

फिर एक बार, भले ही मेरे पास दूसरी नौकरी का ऑफर नहीं था, मैं किसी को भी मुझे और मेरे समय को हल्के में लेने की इजाजत नहीं देने वाला था।

हालांकि, मैंने अपने उन सात छात्रों का ध्यान रखा, जिन्हें मैं पढ़ा रहा था। मैं उन्हें बीच में नहीं छोड़ सकता था। इसलिए, भले ही मैंने नौकरी छोड़ दी थी, मैंने हर शाम इंस्टीट्यूट के बाहर उनसे मुलाकात की और उनके सभी सवालों का जवाब दिया। मैंने उन्हें रजिस्ट्रेशन प्रक्रिया में भी मदद की।

मेरे एक दोस्त ने एक बार मेरे लिए ऐसा किया था, और मैं वह अच्छा काम आगे बढ़ा रहा था। सभी सात छात्रों ने अपना सर्टिफिकेशन हासिल किया और अब अच्छा कर रहे हैं। और मुझे खुशी है कि मैंने यह किया।

सबक #3: अवसरों को सकारात्मक रूप से अपनाएं

जो भी मैं इस किताब में लिख रहा हूं, वह तब ही संभव है जब आपका दृष्टिकोण बदल जाए। सलाह तो बहुत सारी है, और उनमें से ज्यादातर वाकई मददगार होती हैं। लेकिन जब तक आप अपने दिमाग को चीजों को समझने के तरीके में बदलाव नहीं करते, आपकी जिंदगी का रास्ता ज्यादा नहीं बदलेगा।

अवसर को अपनाने का सबसे बड़ा हिस्सा यह पहचानना है कि यह वास्तव में एक अवसर है। और जिंदगी की सबसे खूबसूरत बात यह है कि हमारे साथ जो कुछ भी होता है, वह ज्यादातर समय एक अवसर ही होता है।

हम सब सोचने में समय बर्बाद करते हैं और किसी चीज़ को न करने के बहाने ढूंढते हैं, बजाय इसके कि हम इस संभावना को अपनाएं कि यह हमारी उम्मीदों से भी बेहतर हो सकता है। आपको सक्रिय रूप से इस साहस को विकसित करने की जरूरत है कि आप किसी अवसर के साथ आने वाले जोखिम को स्वीकार करें।

जब आप ऐसा करते हैं, तो केवल दो चीजें हो सकती हैं: या तो आप सफल होंगे, या आप कुछ नया सीखेंगे। क्योंकि मेरा मानना है कि असफलता जैसा कुछ भी नहीं होता।

बहुत सारे लोग यह कहते हैं। जब मैं छोटा था और कोई बड़ा व्यक्ति यह कहता, तो मुझे गुस्सा आता। लेकिन जैसे-जैसे मैं बड़ा हुआ और जिंदगी के अलग-अलग पहलुओं को देखा, मुझे एहसास हुआ कि यह सही है।

यही कारण है कि मैं प्रयोग करने से नहीं डरता था। मेरे पास बचपन में जो भी कौशल थे जैसे प्लेन उड़ाना, घुड़सवारी, और शूटिंग वे असली दुनिया में ज्यादा उपयोगी नहीं थे। इसलिए, मैं कुछ काम की चीजें तभी सीख सकता था जब मैं अपने आसपास की हर चीज़ को पूरी तरह से अपनाता।

इसी वजह से मैं ग्राफिक डिज़ाइनर, शिक्षक, ट्रेनर, और विभिन्न उद्योगों में प्रबंधक रहा, और आखिरकार उस काम को पाया जिसके लिए मैं बना हूं।

मैं आपको एक राज़ बताता हूं। जब भी आपके सामने एक संभावित अवसर आता है, तो यह मत पूछें, 'मुझे इससे क्या मिलेगा?' इसके बजाय, खुद से कहें, 'इसमें मेरे लिए कुछ न कुछ जरूर है। शायद इसलिए भगवान ने मुझे इस रास्ते पर रखा है।›

एक बार जब आप ऐसा सोचते हैं, तो अनजान चीजों का डर गायब हो जाता है।

सबक #4: जो काम आपको नहीं करना, उसे ठुकराना सीखें

हमेशा से हमें पता होता है कि हमारे लिए सही क्या है। शायद हम इस बात को शब्दों में बयां न कर पाएं, लेकिन हमारा अंदरूनी एहसास हमेशा सही दिशा दिखाता है। असल कला यह है कि हम उस चीज़ को ठुकराना सीखें जो हमारे लिए सही नहीं है। ‹ना' कहने की क्षमता रातों-रात नहीं आती। इसे सुधारने का एकमात्र तरीका है इसे बार-बार इस्तेमाल करना। जब आप 'ना' कहने की ताकत को अपनाते हैं, तो फिर कुछ भी आपके रास्ते में खड़ा नहीं हो सकता।

एक उदाहरण के जरिए इसे समझाता हूं। मैंने कॉल सेंटर ट्रेनर की नौकरी छोड़ दी क्योंकि मेरे पूर्व सहयोगी ने मुझे उनके साथ एक बिज़नेस वेंचर शुरू करने का प्रस्ताव दिया। हमेशा की तरह, मैं अगली चुनौती के लिए तैयार था और उनकी पेशकश स्वीकार कर ली। हमारी कंपनी, डिजिटल इंटरएक्टिव मीडिया सॉल्यूशन, प्रकाशन कंपनी के लिए सेल्फ-लर्निंग सामग्री तैयार करती थी, जिसे वे अंतरराष्ट्रीय स्कूलों में बेचते थे। हम सफल थे और हमारे मूल व्यवसाय को बदलने की कोई आवश्यकता नहीं थी। लेकिन मुझे और चाहिए था।

मैं भारत की शिक्षा प्रणाली में आईटी की शक्ति लाना चाहता था। 2000 के शुरुआती दौर में, आज की तरह ई-लर्निंग प्लेटफॉर्म शायद ही कहीं दिखते थे। मैं चाहता था कि भारतीय संस्थान 'डायरेक्ट इंस्ट्रक्शन' की शिक्षा पद्धति को अपनाएं, जिसमें छात्र ऑनलाइन कोर्स साइन अप करें और स्क्रीन पर मौजूद शिक्षक से सीखें, जो मूल रूप से केवल उनसे ही बात कर रहा हो।

मुझे इस विचार पर इतना भरोसा था कि मैंने भारत के राष्ट्रपति डॉ. ए.पी.जे. अब्दुल कलाम को पत्र लिखकर उनके हस्तक्षेप की मांग की। मैंने उद्योगपति सुब्रतो रॉय को भी लिखा क्योंकि वह स्मार्ट शहर बनाने की बात कर रहे थे। और ई-लर्निंग से ज्यादा स्मार्ट क्या हो सकता था?

मेरे पार्टनर को यह पसंद नहीं आया कि मैं अपनी योजना को आगे बढ़ाने की कोशिश कर रहा था और हमारी कंपनी को ऐसी दिशा में ले जा रहा था

जिसमें वह सहज नहीं थे। लेकिन मैं अपने विचारों पर दृढ़ था और मैंने उन्हें कहा कि मैं वही करूंगा जो मेरे, हमारे व्यवसाय और भारतीय शिक्षा प्रणाली के लिए सही है।

मैंने दिल्ली के शीर्ष पब्लिक स्कूलों और अंतरराष्ट्रीय स्कूलों के अधिकारियों से बात की और उन्हें यह पद्धति अपनाने के लिए कहा। लेकिन दुर्भाग्य से, मेरी सारी कोशिशें बेकार गईं। कोई भी मौजूदा व्यवस्था को बदलने और वर्तमान स्थिति को चुनौती देने के लिए निवेश करने को तैयार नहीं था।

मैं इस बात को लेकर कभी पछताता नहीं हूं क्योंकि मैंने असफलता नहीं झेली। मैंने इस उभरते हुए उद्योग का पता लगाया, जो आज लाखों भारतीय बच्चों को फायदा पहुंचा रहा है, और खुद को इसके बारे में शिक्षित किया।

एक और घटना है जो यह साबित करती है कि जब तक आप खुश नहीं हैं, आपको अपने लिए खड़ा होना होगा। तभी आपकी परिस्थितियां बेहतर हो सकती हैं।

कई साल बाद, जब मैं विप्रो टेक्नोलॉजीज के लिए काम कर रहा था, तो मैंने माइक्रोसॉफ्ट के लिए कई प्रोजेक्ट्स पर काम किया। मैंने महसूस किया कि मेरे बी.टेक. और बी.ई. ग्रेजुएट साथियों को अमेरिका भेजा जा रहा था, लेकिन मुझे नहीं।

मुझे बताया गया कि विज्ञान में ग्रेजुएशन की न्यूनतम योग्यता के बिना मेरा वीज़ा प्रोसेस नहीं हो सकता। यह सरासर बेतुका था। मैंने वही काम किया जो मेरे साथी कर रहे थे। मुझे रात की ड्यूटी करनी थी और मैंने उसी रात अपने बॉस को फोन किया। मैंने उनसे कहा कि मैं इस्तीफा देना चाहता हूं क्योंकि मेरे काम को उचित सम्मान नहीं मिल रहा।

मेरे बॉस ने मेरी बात सुनी और मुझे शिफ्ट खत्म होने तक रुकने को कहा। अगले दिन सुबह, वह अपने ट्रैकसूट में ऑफिस आए और मेरे साथ चाय पीते हुए मेरी समस्या का समाधान निकाला। उन्होंने कहा कि मैंने ग्राहक संबंध बनाने और उनसे बातचीत करने में उत्कृष्टता दिखाई है।

इस तरह, मैंने एक नई दिशा में कदम रखा और एक प्रबंधन करियर का रास्ता चुना। अगर मैं उस समय खामोश रहता, तो शायद मुझे यह अवसर कभी नहीं मिलता।

गलत चीज़ों को स्वीकार न करें। आवाज उठाएं। निर्लज्ज बनें। जो चीज़ें आपके लिए सही नहीं हैं, उन्हें ठुकराने का साहस दिखाएं। यही वो सबक है जो मैं इस किताब के जरिए आपको सिखाना चाहता हूं।

अध्याय 4

मेरे जीवन के मूल्य

या, मेरी सफलता के कारण

"अपने विचार सकारात्मक रखें क्योंकि आपके विचार आपके शब्द बनते हैं। अपने शब्द सकारात्मक रखें क्योंकि आपके शब्द आपका व्यवहार बनते हैं। अपने व्यवहार को सकारात्मक रखें क्योंकि आपका व्यवहार आपकी आदतें बनता है। अपनी आदतों को सकारात्मक रखें क्योंकि आपकी आदतें आपके मूल्य बनती हैं। अपने मूल्यों को सकारात्मक रखें क्योंकि आपके मूल्य आपका भाग्य बन जाते हैं।"
- महात्मा गांधी

कुछ साल पहले, मैं ट्विटर पर स्क्रॉल कर रहा था जब मैंने कॉमेडियन स्टीफन फ्राई का एक पोस्ट देखा और ज़ोर से हंस पड़ा। वह इंग्लैंड में अपने डॉक्टर के ऑफिस में थे, और वहां की दीवार पर 'आदर्श बालक' का पोस्टर लगा हुआ था। इसे देखते ही मैं अपने बचपन में लौट गया। मुझे पूरा यकीन है कि यही वजह है कि डॉक्टर, जो निश्चित रूप से भारतीय थे, ने इसे वहां लगाया था।

जो लोग 1980 और 1990 के दशक में नहीं बड़े हुए हैं, उनके लिए 'आदर्श बालक' ऐसे पोस्टरों की एक सीरीज़ थी जो एक आदर्श बच्चे के अच्छे व्यवहार को दर्शाती थी। ये पोस्टर भारत में प्री-लिबरलाइज़ेशन के समय के

बचपन का एक अहम हिस्सा थे। हर स्कूल के छात्र नैतिक शिक्षा की क्लास के असाइनमेंट के लिए इन चार्ट्स को काटते थे।

मुझे हमेशा स्कूल में नैतिक शिक्षा की कक्षा का इंतजार रहता था। यह सबसे लोकप्रिय कक्षा नहीं थी, लेकिन मुझे यह पसंद थी क्योंकि यह हमें अच्छी आदतें सिखाती थी, जिन्हें हमें अपनाना चाहिए।

'आदर्श बालक' के दो मेरे सबसे पसंदीदा संदेश थे, 'स्वच्छता ईश्वर के समान है' और 'अपना काम खुद करो'। मैं हमेशा स्वच्छता को लेकर सतर्क रहता हूं। मेरे आसपास का माहौल हमेशा साफ-सुथरा और व्यवस्थित रहता है। यह मुझे अपने विचारों को बेहतर ढंग से व्यवस्थित करने में मदद करता है और मुझे बहुत सकारात्मकता देता है। और कौन ऐसा नहीं चाहेगा कि वह एक स्वच्छ जगह में रहे?

स्वच्छता के साथ, मैं हमेशा आत्मनिर्भर रहा हूं। मुझे बहुत पहले यह समझ आ गया था कि मेरा काम मुझसे बेहतर कोई नहीं कर सकता। इस तरह, मुझे शायद ही किसी और पर निर्भर रहना पड़ता है।

ये दो आदतें मेरे बुनियादी मूल्य थे, जिन पर बाकी आदतों ने जड़ पकड़ी और बढ़ीं। अभी, मेरे जीवन के सात मूल्य हैं, जिन पर मैं भरोसा करता हूं। ये मुझे वह बनाते हैं जो मैं हूं। ये मूल्य मेरे लिए हमेशा सहायक रहे हैं और मुझे लगता है कि यही वे कारण हैं जिनकी वजह से मैं आज सफल हूं।

सबक #1: अवसरों का सक्रियता से जवाब दें

हर कोई कहता है कि अवसर केवल एक बार आपके दरवाजे पर दस्तक देता है। यह पूरी तरह से सही नहीं है क्योंकि हम सभी ने दूसरे मौके की कहानियों के बारे में सुना है। हालांकि, यह अधिकतर लोगों के लिए सच है। इसलिए, यदि आप सही समय पर अवसर को नहीं पकड़ते, तो कोई और उसे ले लेगा। यह एक ऐसी चीज़ है जिसे मैंने अपने पूरे जीवन में अपनाया है। जो भी अवसर मेरे सामने आया, मैंने उसे लिया, बिना यह सोचे कि मैं काम

अच्छे से कर पाऊंगा या नहीं। मैंने हमेशा 'हां' कहा और फिर यह सोचा कि इसे कैसे करना है।

इसका सबसे अच्छा उदाहरण तब था जब मैं विप्रो टेक्नोलॉजीज में काम करता था। वहां मैं एक व्यक्तिगत योगदानकर्ता था, एक स्तर-दो इंजीनियर, जो माइक्रोसॉफ्ट के वैश्विक बैकअप संचालन का प्रभारी था। मैंने वह काम डेढ़ साल तक किया और बदलाव की जरूरत महसूस की। मैंने अमेरिकी एच-1 वीज़ा के लिए आवेदन किया था, लेकिन मुझे आंतरिक रूप से खारिज कर दिया गया क्योंकि मेरे पास सही योग्यता नहीं थी।

सौभाग्य से, उसी समय मुझे कंट्रीवाइड फाइनेंशियल से एक कॉल आया। वे एक ऐसे लीडर की तलाश में थे, जो भारत में एक टीम बनाए और फिर अपने अमेरिकी समकक्ष के साथ संबंध स्थापित करे। जब यह हो जाए, तो उस मैनेजर को अमेरिका से कम महत्वपूर्ण या नियमित कार्यों को भारतीय टीम में स्थानांतरित करना शुरू करना होगा। सीधे शब्दों में कहें, तो वे एक ऐसे मैनेजर की तलाश में थे, जिसके पास तकनीकी अनुभव भी हो। जहां तकनीकी अनुभव में मैं माहिर था, वहीं मेरे पास प्रबंधकीय अनुभव बिल्कुल नहीं था। लेकिन क्या यह मुझे रोकने वाला था? बिलकुल नहीं!

ऐसा एक पल भी नहीं था जब मुझे लगा कि मैं यह काम नहीं कर सकता। अगर कंपनी ने मुझे यह काम ऑफर किया है, तो उन्होंने मुझमें संभावनाएं देखी होंगी। तो फिर मुझे इसे क्यों ठुकराना चाहिए? मैंने खुद पर भरोसा किया, विभिन्न इंटरव्यू राउंड दिए, और पास हो गया!

यहीं से मेरी प्रबंधन और नेतृत्व की यात्रा शुरू हुई। मैं अक्सर सोचता हूं कि अगर मैं कोई और व्यक्ति होता, जो किसी अवसर के बारे में इतना सोचता कि वह किसी और को चला जाता, तो क्या होता। मुझे खुशी है कि मैं अपने रास्ते में आए अवसरों को पहचानने और उनका अधिकतम लाभ उठाने में सक्षम रहा हूं।

हमें पहली बार में ही चीज़ें सही तरीके से करनी चाहिए क्योंकि हमें दूसरा मौका शायद ही मिले। खासतौर पर इस अत्यधिक प्रतिस्पर्धी दुनिया में। यह

अवसरों को पकड़ने की इच्छा का एक विस्तार है। इसे पहली बार में न करना केवल आपकी सफलता में देरी करता है। यह किताब सुनिश्चित करना चाहती है कि इसे पढ़ने वाला हर व्यक्ति समय बर्बाद न करे और अपने लक्ष्यों को जल्द से जल्द हासिल करने की कोशिश करे। यही वजह है कि पहली बार में ही इसे सही करना बहुत, बहुत ज़रूरी है।

सबक #2: यथास्थिति (स्टेटस क्वो) को चुनौती दें

मैं हमेशा मानता हूँ कि आपकी प्रगति को मापने का एक तरीका यह है कि आप अपने द्वारा किए गए छोटे-छोटे बदलावों को देखें। जब तक आप आगे बढ़ रहे हैं, आप सही दिशा में जा रहे हैं। ऐसा करने के लिए, आपको यह समझने का एक तरीका बनाना होगा कि आप आज बेहतर कैसे हैं। मैं यह करता हूँ यथास्थिति को चुनौती देकर। मैं खुद से पूछता हूँ: अगर काम ऐसे किया जा रहा है, तो क्या मैं इसे अलग तरीके से कर सकता हूँ? क्या इसे करने का कोई और प्रभावी तरीका है? क्या मैं इसे ऑटोमेट कर सकता हूँ? इससे मुझे उन उत्तरों और समाधान तक पहुंचने में मदद मिलती है, जिनके बारे में मैंने पहले कभी सोचा भी नहीं था।

लोग यथास्थिति को चुनौती देना पसंद नहीं करते क्योंकि वे जोखिम नहीं लेना चाहते। एक टेक्निकल व्यक्ति के रूप में, मैं यह अक्सर देखता हूँ। लोग तकनीक को अपनाने से डरते हैं क्योंकि उन्हें डर लगता है। उन्हें लगता है कि यह उनकी ज़िंदगी पर हावी हो जाएगी और शायद एक दिन उनकी नौकरियां भी खत्म कर देगी। यह दुनिया को देखने का सही नजरिया नहीं है। हमें वहां जो भी मौजूद है उसे अपनाना होगा। यही एकमात्र तरीका है आगे बढ़ने का, आज से बेहतर बनने का। अपने कौशल को बेहतर बनाना यथास्थिति को चुनौती देने का एक तरीका है, और इसी तरह किसी काम को करने का प्रभावी तरीका खोजना भी। अन्यथा हम में से कोई भी कैसे प्रगति करेगा?

जोखिम और इनाम को एक साथ जोड़ने का एक कारण है। बड़े इनाम पाने के लिए, आपको सोच-समझकर जोखिम लेना पड़ता है। जब मैंने 2010 में संयुक्त राज्य अमेरिका जाने का फैसला किया, तो मुझे वैश्विक ग्राहकों

का प्रबंधन करने का कोई अनुभव नहीं था। मुझे अमेरिकी संस्कृति के बारे में भी कुछ नहीं पता था। लेकिन जब मुझे एक लीडर की भूमिका निभाने और विभिन्न ग्राहकों और प्रोजेक्ट्स का प्रबंधन करने के लिए अमेरिका जाने का मौका मिला, तो मैंने बस 'हां' कहा। जब मैं अमेरिका पहुँचा, तभी मैंने वहां की संस्कृति को समझना शुरू किया लोगों से कैसे मिलें, उन्हें कैसे अभिवादन करें, और वे क्या खाते हैं। मैंने इन चीज़ों को धीरे-धीरे समझा और अपने लिए इसे कारगर बनाया।

और यह केवल पेशेवर क्षेत्र की बात नहीं है, मैंने अपनी निजी जिंदगी में भी बदलाव किए हैं ताकि मैं आज जहां हूं वहां पहुंच सकूं। उनमें से एक है अपनी भावनाओं पर नियंत्रण रखना। मैं पहले बहुत प्रतिक्रियाशील था और गुस्सा करने के लिए जाना जाता था। जब मैंने काम करना शुरू किया था, तो मैं एक बहुत शांत व्यक्ति था। लेकिन जैसे-जैसे मैं सीढ़ी चढ़ता गया और मेरी जिम्मेदारियां बढ़ती गईं, मैं अक्सर अपनी भावनाओं पर नियंत्रण खो देता था। सौभाग्य से, मुझे जल्द ही यह एहसास हो गया कि यह मेरी बहुत सी ऊर्जा खत्म कर रहा था। इसके बजाय, मुझे उस ऊर्जा को उत्पादक तरीकों से चैनलाइज़ करना चाहिए था। इससे मैं एक बेहतर श्रोता बन गया। अब, जब भी मैं परेशान होता हूँ, मैं रुकता हूँ, एक कप कॉफी लेता हूँ, और फिर अलग दृष्टिकोण से चीजों को देखने के लिए अपनी डेस्क पर वापस आता हूँ।

और अब, मुझे गर्व है कि मैं कभी भी घबराता नहीं हूँ या अपना आपा नहीं खोता। दूसरों ने भी इसे नोटिस किया है और मुझसे इसका राज़ पूछा है। मैं इसे यहां साझा कर रहा हूँ। अपनी भावनाओं पर नियंत्रण रखें, अपनी प्रतिक्रियाओं पर नियंत्रण रखें, और उन सभी को रचनात्मक रूप से उपयोग करें।

सबक #3: वादा और उसका निभाना

सलमान खान का एक डायलॉग बहुत फेमस हुआ था: "एक बार जो मैंने कमिटमेंट कर दी, उसके बाद तो मैं अपने आप की भी नहीं सुनता।" अगर इसे शाब्दिक तौर पर पढ़ें तो ये थोड़ा मजाकिया लग सकता है, लेकिन मैं

मानता हूँ कि उनके किरदार का मतलब है कि वो अपनी कमिटमेंट को हर हाल में पूरा करते हैं। और ये मेरी सोच से मेल खाता है।

मैंने कभी भी अपने वादे से पीछे नहीं हटता। यही मेरी सबसे बड़ी ताकत रही है। इसने मुझे अपने काम में और अपने परिवार में सभी के साथ विश्वास बनाने में मदद की है। एक आदर्श दुनिया में हर कोई भरोसेमंद होता, लेकिन क्योंकि दुनिया आदर्श नहीं है, इसका मतलब ये नहीं कि हमें उस भरोसेमंद व्यक्ति बनने की कोशिश नहीं करनी चाहिए।

विश्वास जीवन का एक ऐसा दुर्लभ तोहफा है जो हमेशा आपको आगे बढ़ने में मदद करता है। यही कारण है कि इसे आपके जीवन का एक अहम हिस्सा होना चाहिए। अगर लोग आप पर भरोसा नहीं करते, तो अंततः आप हार जाएंगे। काम की जगह पर अगर आपका क्लाइंट आप पर विश्वास नहीं करता, तो आप उसका बिज़नेस खो देंगे। और अगर आप बिज़नेस खोते हैं, तो आप अपनी ग्रोथ भी खो रहे होते हैं।

विश्वास से आपको और मौके और जिम्मेदारियाँ मिलती हैं। जब मैं एक फाइनेंशियल सर्विस कंपनी में काम कर रहा था, तो हमें माइक्रोसॉफ्ट से एक नॉन-कम्प्लायंस फैक्स मिला। उस समस्या को सुलझाने के लिए हमें 35 लाख रुपये का लाइसेंस खरीदना पड़ता। मेरे बॉस के लिए इतनी बड़ी रकम देना संभव नहीं था। उन्होंने मुझसे कहा कि इसे सुलझाने का कोई रास्ता निकालो, और मैंने उनसे वादा किया कि मैं इसे संभाल लूंगा।

इस समस्या को सुलझाने में मुझे तीन दिन और लगभग बिना रुके काम करना पड़ा। उस समय ओपन-सोर्स मार्केट तेजी से आगे बढ़ रहा था। मैंने "लिनक्स" नाम की एक ओपन-सोर्स तकनीक के बारे में सुना था। चूंकि मुझे इसके बारे में कुछ भी नहीं पता था, मैं दिल्ली के नेहरू प्लेस गया और" लिनक्स अनलीश्ड इन 21 डेज़ "नाम की एक किताब खरीदी। मैंने उस किताब को शुरुआत से अंत तक पढ़ा और तीन दिनों तक कमरे में बंद होकर कंपनी की पूरी इंफ्रास्ट्रक्चर को माइक्रोसॉफ्ट प्लेटफॉर्म से लिनक्स पर सफलतापूर्वक माइग्रेट कर दिया।

अंत में, कंपनी को केवल 4 लाख रुपये का लाइसेंस खरीदना पड़ा। मैंने कंपनी के 31 लाख रुपये बचाए। यह बहुत मेहनत का काम था, लेकिन मेरे लिए अपने वादे से पीछे हटने का सवाल ही नहीं था। यही वजह थी कि मुझे समय से पहले प्रमोशन दिया गया।

क्या बुरा सौदा था? सिर्फ एक वादा और तीन दिनों की मेहनत!

सबक #4: ग्राहक संतुष्टि के लिए प्रयास करना

अगर आप ध्यान से सोचें, तो हमारी जिंदगी के हर पहलू में एक ग्राहक होता है। कभी आपके बच्चे आपके ग्राहक होते हैं, तो कभी आपके माता-पिता। ऑफिस में यह आपके बॉस, सहकर्मी, या क्लाइंट होते हैं। ये वे लोग हैं जिन्हें खुश रखना हमारा काम है। और इसका सबसे अच्छा तरीका है उनकी जगह पर खुद को रखकर सोचना। ऐसा करने से आप समझ पाते हैं कि वे कैसे काम करते हैं और उन्हें क्या पसंद आता है। यह आपको उनकी समस्याओं को बेहतर तरीके से समझने और समाधान प्रस्तुत करने में मदद करता है जो उनकी जरूरतों को पूरा कर सके।

ग्राहकों को खुश करने की कला में महारत हासिल करने के लिए पर्दे के पीछे बहुत मेहनत करनी पड़ती है। यह आपको अपने काम में भी बेहतर बनाता है क्योंकि आप कोई भी कसर नहीं छोड़ते। जब आप ग्राहकों को संतुष्ट करने के लिए तय सीमाओं से बाहर जाकर सोचते हैं, तो आप आलोचनात्मक सोच, रचनात्मकता, और असाधारण विचारों का उपयोग करते हैं। यह सब आपको खुद को बेहतर तरीके से जानने और अपनी सफलता की कहानी में नए अनुभव जोड़ने का मौका देता है।

आइए इसे एक उदाहरण से समझते हैं।

शुरुआत में, मेरे ग्राहक संतुष्टि के नजरिये को भारत से अंतरराष्ट्रीय ग्राहकों को रिमोटली सपोर्ट करने के मेरे अनुभव ने आकार दिया। मैं भारतीय संस्कृति का अनुसरण करता था - ग्राहकों का गर्मजोशी से स्वागत करना, हमेशा विनम्र रहना, कभी "ना" न कहना, तुरंत जवाब देना - और मुझे लगता

था कि इससे वे खुश रहेंगे। और वे खुश भी थे। मुझे अक्सर "यू आर द मैन" और "यू मेड माई डे" जैसे धन्यवाद संदेश मिलते थे। मुझे लगता था कि मैं अपने ग्राहकों को संतुष्ट कर रहा हूं और उनकी जरूरतों को पूरा कर रहा हूं।

इसी वजह से मैं अपनी टीम का टॉप परफॉर्मर बना और मुझे अमेरिका जाकर अपने ग्राहकों और टीम को संभालने का मौका मिला।

लेकिन जल्द ही मुझे एहसास हुआ कि ग्राहक संतुष्टि के कई पहलू होते हैं। मैं सोच रहा था कि साल के अंत में सर्वे में मुझे अच्छा स्कोर मिलेगा क्योंकि मुझे हमेशा सकारात्मक प्रतिक्रिया मिलती थी। लेकिन वही ग्राहक जिन्होंने मुझे प्यार किया था, उन्होंने मुझे केवल 3/5 की रेटिंग दी। सर्वे में एक टिप्पणी ने मेरा ध्यान खींचा: "मुझे ऐसा लगता है कि नवाचार, परिवर्तन, ऑटोमेशन, या विचारशील नेतृत्व का कोई मूल्य नहीं है।"

इस प्रतिक्रिया ने मुझे एहसास दिलाया कि मेरे ग्राहक सिर्फ रोजमर्रा के समर्थन से ज्यादा की उम्मीद करते हैं। वे यह देखना चाहते थे कि मैं उनके व्यवसाय को कैसे बेहतर बना रहा हूं और उनके कर्मचारियों और ग्राहकों को कैसे खुश कर रहा हूं।

इस नए दृष्टिकोण के साथ, मैंने अपनी रणनीति बदली। हमने एक समर्पित टीम बनाई जो निरंतर सुधार, नवाचार, और वैल्यू-एडेड अवसरों पर काम करती थी। हमने प्रगति को मापने के लिए की परफॉर्मेंस इंडिकेटर्स (के.पी.आई.) विकसित किए। और अगले सर्वे में हमें अपने ग्राहकों से 4.5 की रेटिंग मिली।

सबक #5: दूसरों को सक्षम और सशक्त बनाएं

मेरे एक बॉस थे जो बहुत अधिक माइक्रोमैनेजर थे। उन्हें हर काम पर पूरा नियंत्रण रखना पसंद था और उनका मानना था कि केवल वही उस काम को सही तरीके से कर सकते हैं। वे हमारे डेस्क के ऊपर मंडराते रहते थे ताकि यह सुनिश्चित कर सकें कि हम उनका काम उनकी संतुष्टि के अनुसार कर रहे हैं। यह मुझे इतना परेशान करता था कि मैंने मन ही मन ठान लिया

था कि अगर मुझे कभी अपनी टीम का नेतृत्व करने का मौका मिला, तो मैं ऐसा बॉस नहीं बनूंगा। और मैंने ऐसा नहीं किया। मैंने अपने व्यवहार पर ध्यान दिया और यह सुनिश्चित किया कि मैं एक अलग प्रकार का बॉस बनूं।

एक बॉस का मुख्य काम है अपनी टीम के सदस्यों से उनका सर्वश्रेष्ठ निकलवाना और उन्हें आगे बढ़ने में मदद करना। आप यह तभी कर सकते हैं जब आप उन पर विश्वास करें कि वे काम को अच्छे से करेंगे। और फिर आपको उनका हाथ छोड़ना होगा ताकि वे खुद को साबित कर सकें। अगर आप अपने आसपास के लोगों को सशक्त नहीं करेंगे और उन्हें खुद निर्णय लेने का मौका नहीं देंगे, तो वे कभी भी अपने सीखे हुए कौशल का इस्तेमाल वास्तविक जीवन में नहीं कर पाएंगे। जिस तरह वे आप पर विश्वास करते हैं, उसी तरह उन्हें खुद पर विश्वास करना तभी आएगा जब आप उन पर विश्वास करेंगे।

अपनी टीम को सशक्त बनाने की तुलना बच्चों को साइकिल चलाना सिखाने से करें। आप उन्हें साइकिल दिलाते हैं, पीछे से पकड़ते हैं, उनके साथ दौड़ते हैं, कभी-कभी साइकिल छोड़ते हैं और फिर गिरने से पहले पकड़ लेते हैं। लेकिन एक बार जब आपके बच्चे संतुलन बनाना सीख लेते हैं, तो आप उन्हें जाने देते हैं। वे गिर सकते हैं, लेकिन वे फिर उठेंगे क्योंकि आपने उन्हें खुद को संभालने की कला सिखाई है। और फिर एक दिन आप उन्हें सड़क पर तेज रफ्तार से जाते हुए देखेंगे, बिना हैंडल पकड़े, हाथ हवा में, और इस नए आत्मविश्वास का आनंद लेते हुए।

मुझे शुरुआत में ऐसा समर्थन नहीं मिला था, इसलिए मैंने हमेशा बेहतर बनने का प्रयास किया। जब मैंने कई साल पहले कॉग्निजेंट में काम किया, तो मेरी टीम में एक लेवल-1 डेस्कटॉप सपोर्ट इंजीनियर था। मैंने उसमें बहुत संभावनाएं देखीं क्योंकि वह हमेशा काम में रुचि दिखाता था और नई चीजें सीखने के लिए तैयार रहता था। मैं उसके लिए बड़े सपने देख रहा था, लेकिन मैंने इसे छोटे कदमों में पूरा करने का सोचा। मैंने उसे टीम लीड बनाया और उसे कुछ दिशानिर्देश दिए, जिससे वह अपने खुद के निर्णय ले सके।

इस तरह वह हमारी कुछ परियोजनाओं को सफलतापूर्वक ट्रांजिशन करने में सक्षम हुआ।

कुछ समय बाद, मुझे एक ट्रांज़िशन मैनेजर की आवश्यकता पड़ी, जिसे अमेरिका जाना था, कुछ प्रक्रियाओं को सीखना था और फिर उन्हें बाकी टीम को सिखाना था। मैंने उसके नाम का सुझाव दिया। हालांकि उसे खुद पर भरोसा नहीं था कि वह सही व्यक्ति है, लेकिन मुझे उस पर पूरा भरोसा था। मैंने उसे बताया कि उसे नेतृत्व करना चाहिए और मैं बैकएंड से उसे समर्थन दूंगा।

मैंने कुछ मीटिंग्स में उसका मार्गदर्शन किया और कुछ ट्रांजिशन रिपोर्ट बनाने में मदद की। जल्द ही, वह अपने दम पर काम करने लगा। आठ हफ्तों के बाद, वह भारत वापस आया और एक सफल ट्रांजिशन को अंजाम दिया। वह इतना अच्छा था कि हमारे ग्राहकों ने उसे 5 में से 4.5 रेटिंग दी, जबकि उसके जैसे अन्य लोग 3.75 रेटिंग पाते थे।

आज वह किसी और कंपनी में एक बड़े अधिकारी के रूप में काम कर रहा है। और मुझे गर्व है कि मैंने उसे वहां तक पहुंचने में एक भूमिका निभाई। अपने मेंटर को उनके सबसे बड़े सपनों से भी आगे बढ़ते देखना जितना संतोषजनक कुछ और नहीं है। हम सभी को जीवन में थोड़ी मदद की आवश्यकता होती है। तो क्यों न हम किसी और के लिए वह मददगार बनें? मैं आपको गारंटी देता हूं कि इससे आप और वह दोनों समृद्ध होंगे।

सबक #6: खुलकर सीधे बात करने वाले और ईमानदार रहें

हाल ही में मैंने एक प्राथमिक विद्यालय के बच्चे से पूछा कि क्या वह मुझे अगले दो सेकंड में कोई एक कहावत बता सकती है। तुरंत जवाब आया: “ईमानदारी सबसे अच्छी नीति है।” उसे इसके बारे में सोचने की भी ज़रूरत नहीं पड़ी। यह उतना ही आसान था जितना 2 प्लस 2 का जवाब। हमें बचपन से ही सिखाया गया है कि हमें झूठ नहीं बोलना चाहिए और हमेशा ईमानदारी अपनानी चाहिए। इसका कारण यह है कि ईमानदारी से काम करना

सबसे हल्का और आसान तरीका है। जब आप हर बातचीत और बातचीत में ईमानदार और खुले होते हैं, तो आपका दिमाग हल्का रहता है और आपके पास एक सीधा-सपाट जवाब होता है क्योंकि आपको कुछ छिपाना नहीं होता। आपको हर बार अपनी कहानी सही रखने की चिंता नहीं करनी पड़ती। मैंने पहले अपने दिमाग को ज़्यादा जटिल नहीं बनाने की बात की थी। सच बोलने से यह समस्या खत्म हो जाती है।

मैं एक ऐसी संस्कृति से अमेरिका आया था जो रहस्य रखने को बढ़ावा देती है। भारतीयों से कहा जाता है कि अपनी "गंदगी" को सार्वजनिक रूप से न दिखाएं, और हर कोई अपने रहस्यों को छिपाने में व्यस्त रहता है। लेकिन अमेरिकी संस्कृति ऐसी नहीं है। वे खुले दिल के लोग हैं जो अपनी गलतियों को लेकर शर्मिंदगी महसूस नहीं करते। मुझे इस नए तरीके से जीने में बहुत खुशी हुई क्योंकि कार्यस्थल पर मुझे केवल अपने काम के प्रदर्शन पर ध्यान केंद्रित करना था। मैंने ग्राहकों के साथ डील करते समय भी इसी पारदर्शिता को अपनाया। कई बार ऐसा हुआ जब मुझे पता था कि मेरी टीम, अपनी पूरी कोशिश के बावजूद, ग्राहक को समय पर आवश्यक चीज़ें नहीं दे पाएगी। ऐसे अवसरों पर, मैंने ग्राहक को समय सीमा से कुछ दिन पहले ही इस बारे में सूचित किया। उन्होंने हमेशा मेरे ईमानदार रवैये की सराहना की और मुझे कुछ दिनों का विस्तार दिया। इससे मैंने सीखा कि जब आप सच्चाई और ईमानदारी से बात करते हैं तो लोग हमेशा इसकी सराहना करते हैं।

हां, ये कठिन बातचीत होती हैं—यह स्वीकार करना आसान नहीं है कि आप शानदार काम नहीं कर पाए हैं—लेकिन अंत में यह दोनों पक्षों के लिए लाभदायक होता है।

एक और कारण यह है कि ईमानदार रहना सबसे अच्छा क्यों है: बुरी खबर केवल समय बीतने से अच्छी नहीं हो जाती। यह समय के साथ और भी खराब हो जाती है। अगर मेरी टीम और मैंने इसे नज़रअंदाज़ करने की कोशिश की होती और अपने ग्राहकों को देरी के बारे में नहीं बताया होता, इस उम्मीद में कि हम किसी तरह समय सीमा पूरी कर लेंगे, तो हम बड़ी मुसीबत में पड़ सकते थे। इससे ग्राहक का भरोसा खोने में सेकंड लगते। यह

हर रिश्ते के लिए सच है। चीज़ों को छिपाना और उन्हें कालीन के नीचे दबाने की कोशिश करना कभी भी आपके लिए अच्छा नहीं होगा। हर बार ईमानदार रहें और देखें कि आपकी ज़िंदगी कितनी तनावमुक्त हो जाती है।

सबक #7: अपने कार्यों की जिम्मेदारी लें

हम अक्सर अपनी असफलताओं का दोष दूसरों पर डालते हैं। या तो हम दूसरों को अपनी स्थिति के लिए दोषी ठहराते हैं या फिर हालात को। यह आदत स्कूल से शुरू होती है। जब हमारे नंबर अच्छे नहीं आते, तो हम यह कहकर सफाई देते हैं कि पेपर कठिन था या सवाल सिलेबस के बाहर से आए थे। मुझे याद है कि हर रिजल्ट डे पर मेरे पिताजी मुझसे हर विषय में मेरे नंबर पूछते थे। मैं उन्हें बताता और तुरंत क्लास के सबसे होशियार छात्र के नंबर भी बता देता। मेरा तर्क होता कि अगर सबसे होशियार बच्चा हिंदी में केवल 75 नंबर ला सकता है, तो मेरे 65 नंबर इतने बुरे नहीं हैं।

बाद में मुझे एहसास हुआ कि ऐसा करके मैं यह स्वीकार नहीं कर रहा था कि मैं बेहतर पढ़ाई कर सकता था और परीक्षा में अच्छा प्रदर्शन कर सकता था। यह स्वीकार करने में बदलाव और आत्मनिरीक्षण की आवश्यकता थी, जिसे मैं टाल रहा था। दूसरों को दोष देना आसान था।

अब मैं हर काम की पूरी जिम्मेदारी लेता हूं। दूसरों को दोष न देकर, मैं अपनी ऊर्जा को संरक्षित करता हूं और उसे इस पर केंद्रित करता हूं कि अगली बार कैसे बेहतर किया जाए। जब आप अपनी जिम्मेदारी लेते हैं, तो सुधार की प्रक्रिया पर आपका नियंत्रण होता है, और आप सीखे गए सबक को लागू कर सकते हैं। दूसरों को दोष देना केवल आपको कमजोर करता है और सीखने और बढ़ने का एक मूल्यवान अवसर छीन लेता है।

कुछ साल पहले, मुझे एक बहुत ही महत्वपूर्ण प्रोजेक्ट का नेतृत्व करने का मौका मिला। यह प्रोजेक्ट दक्षिणी कैलिफोर्निया, यूएसए की एक प्रमुख यूटिलिटी कंपनी से जुड़ा था। यह कंपनी परमाणु रिएक्टरों से बिजली उत्पन्न

करती थी। हमारी जिम्मेदारी उनकी आईटी इंफ्रास्ट्रक्चर और एंटरप्राइज रिसोर्स प्लानिंग (ई.आर.पी.) एप्लिकेशन का समर्थन करना था।

हालांकि, प्रोजेक्ट का ट्रांज़िशन अच्छा नहीं चल रहा था। वर्तमान टीम, जो अपनी नौकरियां खोने वाली थी, हमारे साथ जानकारी साझा करने में सहयोग नहीं कर रही थी। इससे काम की गुणवत्ता प्रभावित हो रही थी और हम समय सीमा चूक रहे थे। कंपनी के मुख्य सूचना अधिकारी (सी.आई.ओ.) नाराज़ थे और उन्होंने हमारी सेवाओं का भुगतान रोकने का आदेश दिया, जब तक कि हम एक नई योजना प्रस्तुत नहीं करते।

अच्छे लीडर की दो मुख्य जिम्मेदारियां होती हैं: जब आपकी टीम असफल हो रही हो, तो जिम्मेदारी लें; और जब चीजें अच्छी चल रही हों, तो टीम को सराहना का मौका दें। मैंने अपनी टीम की तरफ से सारी जिम्मेदारी ली और परिस्थितियों का दोष देने के बजाय समाधान ढूंढने पर ध्यान केंद्रित किया। हमने एक विशेष टीम बनाई और नई योजना के साथ काम किया। दो महीने की कड़ी मेहनत के बाद, हम सभी प्रतिबद्धताओं को समय पर और उच्च गुणवत्ता के साथ पूरा कर पाए।

सी.आई.ओ. बहुत खुश हुए। उन्होंने भुगतान जारी करने का आदेश दिया और हमें अतिरिक्त काम दिया, जिससे हमारे पोर्टफोलियो और राजस्व में वृद्धि हुई।

ये वे मूल्य हैं, जिन्होंने मुझे जीवन में सफल बनाया है। ये मुझे हर दिन मार्गदर्शन देते हैं, और मैं गर्व से कह सकता हूं कि मैंने उनसे कभी समझौता नहीं किया। ये सफलता का निश्चित रास्ता हैं, और यदि आप इनमें से कुछ को अपने जीवन में अपनाते हैं, तो मैं बेहद प्रसन्न होऊंगा।

अध्याय 5

खुद पर भरोसा करने की कला

... और यह क्यों देता है शानदार लाभ

"20 साल बाद, आप उन चीज़ों के लिए ज़्यादा निराश होंगे जो आपने नहीं कीं, बजाय उन चीज़ों के जो आपने की थीं। तो हिम्मत जुटाइए। सुरक्षित बंदरगाह से दूर निकलें। अपनी नौका में व्यापारिक हवाओं को पकड़ें। खोज करें। सपने देखें। और जानें।"
- मार्क ट्वेन

पिछले वर्षों में मैंने जो कई चीज़ें सीखी हैं, उनमें से एक यह है कि हम अपनी क्षमता से कहीं अधिक करने में सक्षम होते हैं, जितना हम खुद को समझते हैं। जब मैं अपने जीवन की कठिनाइयों या चुनौतियों को देखता हूं, तो मैं हैरान होता हूं कि मैं कितनी दूर आ गया हूं और मैंने कितने प्रतिकूल परिस्थितियों को पार किया है। यह मुझे दिखाता है कि मैं हमेशा एक मजबूत इंसान रहा हूं। अगर मैं ऐसा नहीं होता, तो जहां से मैंने शुरुआत की थी, वहां से यहां तक पहुंचना असंभव होता।

मैंने यह साहस किया कि चाहे रास्ता कितना भी ऊबड़-खाबड़ हो, मैं ठीक रहूंगा। इस विश्वास ने मुझे पेशेवर फैसले लेने की अनुमति दी, बिना परिणामों की अधिक चिंता किए, और मेरे लिए उपलब्ध संभावनाओं का दायरा बढ़ा दिया।

लेकिन मैं हमेशा ऐसा नहीं था। इसका कारण यह है कि कोई भी, मैं भी नहीं, आत्म-संदेह या असफलता के डर से मुक्त पैदा नहीं होता। लेकिन हम जो लेकर पैदा होते हैं, वह यह क्षमता है कि हम अपने डर को पार करना सीख सकते हैं, उन रास्तों पर चलने के लिए जो हमें प्रेरित करते हैं और उन रास्तों को बदलने के लिए जो हमें प्रेरित नहीं करते।

मेरी यात्रा इस बात का प्रमाण है कि जब आप खुद पर भरोसा करते हैं, जब आप अपने आप पर कम संदेह करते हैं और खुद को अधिक समर्थन देते हैं, तो अद्भुत चीज़ें हो सकती हैं।

सबक #1: चाहे जो भी प्रयास हो, उसे कुछ बार आज़माएं

स्विस टेनिस खिलाड़ी स्टेन वावरिंका के पास सैमुअल बेकेट का एक उद्धरण टैटू के रूप में है। यह कहता है:"कभी कोशिश की। कभी असफल हुए। कोई बात नहीं। फिर से कोशिश करो। फिर असफल हो। बेहतर असफल हो।"

यह एक अद्भुत उद्धरण है जिसे हर किसी को नहीं, टैटू नहीं बल्कि अपने कमरे में कहीं लगा कर रोज़ पढ़ना चाहिए। यह हमें प्रेरित करता है कि हम कोशिश करते रहें और हर प्रयास से सीखते रहें। हर प्रयास का सबक अलग होगा, और आप अंततः अपने प्रयास में असफल हो सकते हैं। लेकिन आप पहले प्रयास की तुलना में बेहतर असफल होंगे।

पहले प्रयास के बाद किसी चीज़ को छोड़ देना खुद के साथ अन्याय होगा। सोचिए, अगर थॉमस एडिसन ने अपने बल्ब को जलाने में पहली बार असफल होने के बाद हार मान ली होती, तो क्या होता? अगर जे.के. रोलिंग ने अपने हैरी पॉटर के पांडुलिपि को हर बार अस्वीकार किए जाने के बाद नए प्रकाशक से संपर्क करना छोड़ दिया होता, तो क्या होता?

आपको कोशिश करते रहना चाहिए, जब तक आपको यह न लगे कि आपने अपना सर्वश्रेष्ठ दिया है। मैं कहूंगा कि तीन प्रयास काफी हैं। कुछ चीज़ों को तीन बार आज़माने का मतलब है कि आपने कम से कम दो बार यह आकलन किया है कि क्या गलत हुआ, और फिर अंतिम प्रयास किया।

और अगर उसके बाद भी यह काम नहीं करता, तो संभवतः यह आपके लिए नहीं है। निश्चित रूप से, कुछ अपवाद हो सकते हैं–जैसे मैंने ऊपर जिन दो लोगों का उल्लेख किया–लेकिन अधिकांश लोगों के लिए, तीन प्रयास पर्याप्त हैं। उसके बाद, आपको अपना रास्ता बदलने पर विचार करना चाहिए, क्योंकि शायद आपके लिए कुछ बड़ा तय किया गया है।

जैसा कि मैंने पहले अध्यायों में उल्लेख किया है, मैंने भारतीय वायु सेना का पायलट बनने के अपने बचपन के सपने को तीन बार आज़माया। पहली बार अस्वीकृत होने पर, मैंने खुद से कहा कि मैं चयन के बहुत करीब आया था। शायद कुछ बदलाव करके, मैं सफल हो सकता हूं। इसलिए, मैंने अपनी तैयारी का तरीका बदला और उन कौशलों पर ध्यान केंद्रित किया जो मुझे अगली बार पास होने के लिए चाहिए थे। मैंने ऐसा किया, लेकिन फिर भी यह काम नहीं किया।

तीसरी बार अस्वीकृत होने पर, मैंने खुद से एक गहरी बात की। क्या यह मेरे लिए सही लक्ष्य था? अगर ऐसा है, तो मेरी प्रगति क्यों नहीं हो रही? शायद अब समय है कि मैं अपनी दिशा बदलूं। इस आत्मविश्लेषण ने मुझे यह स्पष्टता दी कि अब इस सपने को छोड़ने का समय है। मैंने उस समय वह सब कुछ दिया जो मैं दे सकता था, लेकिन मैं असफल रहा। अब नए सपने देखने और उन्हें पाने का समय था।

इस समय, यह बहुत महत्वपूर्ण हो जाता है कि आप अपनी असफलताओं पर ज़्यादा मत सोचें। मैं यह कैसे करता हूं? मैं पूरी प्रक्रिया को एक संस्थान के रूप में सोचता हूं, जिसमें मैंने दाखिला लिया था। और मैंने जो भी समय और ऊर्जा सीखने में खर्च की, उसे मैंने उस ज्ञान को प्राप्त करने के लिए दी गई ट्यूशन फीस के रूप में गिना। हम सभी स्कूल और कॉलेज में ट्यूशन फीस देते हैं ताकि ज्ञान, डिग्री, और प्रमाणपत्र प्राप्त कर सकें। तो क्यों न असफलता को भी एक ऐसी प्रशंसा माने जिसे आपने अपनी ज्ञान सूची में जोड़ा है और जिसके लिए आपने शुल्क चुकाया है?

आपने "यूनिवर्सिटी ऑफ लाइफ" में असफलता के बारे में सीखा और अब आगे बढ़ने का समय है, स्नातक होने का।

इस दृष्टिकोण ने मुझे असफलताओं और अस्वीकृतियों के साथ समझौता करने में मदद की और मेरे मन को करियर में प्रगति के अन्य रास्ते तलाशने के लिए मुक्त किया।

सबक #2: खुद से पूछें, 'मैं इसके प्रति इतना जुनूनी क्यों हूं?'

मैं अक्सर युवाओं को 'पैशन' के बारे में बात करते सुनता हूं। वे किसी खास पेशे को इसलिए चुनते हैं क्योंकि वे उसके प्रति जुनूनी होते हैं। लेकिन क्या वे सच में हैं? हम सोचते हैं कि हमारे लक्ष्य हमारे जुनून से प्रेरित होते हैं, लेकिन अगर आप थोड़ा गहराई में जाएं, तो कई बार यह उस माहौल की वजह से होता है जिसमें हम बड़े होते हैं।

मेरे पिता और भाई दोनों भारतीय वायु सेना में काम करते थे। हम सशस्त्र बलों द्वारा प्रदान किए गए क्वार्टरों में रहते थे। इसलिए, जब से मैं बच्चा था, हर कोई जिसे मैं जानता था, किसी न किसी रूप में सशस्त्र बलों से जुड़ा था। मेरी सीमित सोच में, भारतीय वायु सेना शायद दुनिया का इकलौता नियोक्ता थी। और एक बार जब मैंने जोर से कह दिया कि मैं भी उनके लिए काम करना चाहूंगा, तो बड़ा होने के बाद और बाहरी दुनिया को खोजने के बावजूद, मैंने उस सपने को साथ रखा।

बाद में मुझे एहसास हुआ कि मेरा बचपन का 'पैशन' कुछ और नहीं बल्कि एक बेहतर संस्करण था जिसे आप स्टॉकहोम सिंड्रोम कह सकते हैं। मैंने कभी खुद को अपने मजबूत पक्षों को खोजने या अपने असली जुनून को समझने का मौका नहीं दिया। मैं एक समर्पित और अनुशासित छात्र था, जो कि भारतीय वायु सेना में बहुत महत्वपूर्ण गुण माने जाते हैं। यही एक वजह थी कि मुझे लगा कि मैं एक फाइटर पायलट बनने के लिए सही व्यक्ति हूं।

लेकिन तब मुझे यह एहसास नहीं था कि ये गुण लगभग हर पेशे में लागू होते हैं।

अगर मेरे जीवन में कोई ऐसा व्यक्ति होता, एक संरक्षक या मार्गदर्शक, जो मुझे मेरे मजबूत पक्षों को समझने में मदद करता या मुझसे कुछ कठिन सवाल पूछता, तो मुझे अपने असली जुनून को समझने में 20-25 साल नहीं लगते।

बाद में मुझे एहसास हुआ कि मुझे तकनीक से बहुत प्यार है। मुझे समुदाय की सेवा करना और लोगों का मार्गदर्शन करना भी बहुत पसंद है। किसी को उनके लक्ष्य तक पहुंचाने में मदद करना मुझे अपने लक्ष्य हासिल करने से ज्यादा खुशी देता है। अब मुझे पता है कि मैं एक राजा बनने के लिए नहीं बना था, लेकिन मैं एक बेहतरीन 'किंगमेकर' बन सकता था।

तो, खुद से कुछ कठिन सवाल पूछें। आप कुछ बनना क्यों चाहते हैं? क्या ऐसे कारण हैं जिनकी आपने अभी तक जांच नहीं की है? ऐसा करना आपको आपके लिए सही रास्ते पर ले जाएगा।

सबक #3: अपने विकल्प दरवाजे के बाहर छोड़ दें

2015 में, मैं अमेरिका में एक मैन्युफैक्चरिंग कंपनी में काम कर रहा था। सभी टेक कंपनियों की तरह, हमारी कंपनी का भी एक एंटरप्राइज सॉफ्टवेयर एग्रीमेंट था, जो तीन-चार साल के लिए सॉफ्टवेयर खरीदने और उपयोग करने के लिए किया गया था। हमारे चीफ इंफॉर्मेशन ऑफिसर (सी.आई.ओ.) ने पहले ही एक डील फाइनल कर ली थी, और मुझे उस मीटिंग में केवल वेंडर टीम से परिचय करवाने के लिए बुलाया गया था।

जब मुझे सॉफ्टवेयर की कीमत के बारे में पता चला, तो मुझे लगा कि हमसे इसके लिए ज्यादा चार्ज लिया जा रहा है। मैंने बातचीत में हिस्सा लिया और कहा कि इस कीमत पर फिर से विचार होना चाहिए। चर्चा कुछ समय तक चली और अंततः मैंने कंपनी के लिए लगभग 100% डिस्काउंट के साथ एक अनलिमिटेड लाइसेंस और 5 साल की मेंटेनेंस एग्रीमेंट पर सहमति हासिल कर ली।

यह मेरे लिए एक गर्व का पल था, और मेरे सी.आई.ओ. को भी यह घटना याद थी। कुछ समय बाद, उन्होंने इसे टाउन हॉल मीटिंग में साझा किया। टाउन हॉल मीटिंग एक ऐसा इवेंट होता है, जिसमें कंपनी के सभी कर्मचारी एकत्र होते हैं। उन्होंने मेरी नेगोशिएशन स्किल्स के बारे में बात की और कहा कि अगर किसी को सीखना हो, तो मुझे अपनी मीटिंग्स में शामिल कर सकते हैं। और फिर उन्होंने एक बात कही जो मुझे आज तक याद है: 'राकेश टेबल पर बिना वॉलेट के बैठता है।›

मुझे यह कहानी पसंद है क्योंकि यह दिखाती है कि जब मैं कुछ चाहता हूं, तो मैं कितना दृढ़ निश्चयी होता हूं। एक नेगोशिएशन का मतलब होता है कि दोनों पक्ष किसी सहमति पर पहुंचेंगे। दोनों थोड़ा-थोड़ा झुकेंगे और एक समझौता करेंगे। लेकिन मैं कभी भी नेगोशिएशन मीटिंग में हार नहीं मानता।

आप तब थोड़ा झुकते हैं, जब आपके पास कुछ देने के लिए होता है—जैसे आपका वॉलेट। लेकिन जब आप खाली हाथ जाते हैं, तो आपके पास कुछ देने के लिए नहीं होता, और दूसरी पार्टी के पास आपके ऑफर को मानने के अलावा कोई विकल्प नहीं बचता।

इसीलिए, कभी-कभी विकल्प न होना अच्छा होता है। क्योंकि जब आपके पास विकल्प होता है, तो आपको पता होता है कि आपके पास एक बैकअप है। ऐसे में आप पूरी ताकत के साथ लड़ने की कोशिश नहीं करते। बैकअप का ज्ञान यह सुनिश्चित करता है कि आप टेबल पर अपना सर्वश्रेष्ठ नहीं रखेंगे।

यह वैसा ही है जैसा एक डाइट करने वाला व्यक्ति करेगा। उनके लिए बेहतर होगा कि उनके घर में चॉकलेट न हो, बजाय इसके कि फ्रिज में कुछ चॉकलेट्स रखी हों और उन्हें कंट्रोल करने का फैसला करना पड़े। जब आपके पास चॉकलेट खाने का विकल्प नहीं होता, तो आपके पास केवल एक हेल्दी स्नैक खाने का विकल्प बचता है।

इसलिए, जब आप अपने प्रोफेशनल जीवन में असफलता का सामना करते हैं और फिर से रणनीति बनानी होती है, तो मैं सुझाव दूंगा कि आप सभी विकल्पों को टेबल से हटा दें। ऐसा करने से आप अपनी सारी ऊर्जा अपने

एकमात्र विकल्प पर केंद्रित करेंगे, और तब आपके सफल होने की संभावना बढ़ जाएगी।

सबक #4: सफलता हमेशा ऊर्ध्वगामी (वर्टिकल) नहीं होती

मैंने पहले "द पीटर प्रिंसिपल" नामक किताब के बारे में बात की है। इस किताब के लेखक लॉरेंस जे. पीटर लिखते हैं: "एक पदानुक्रम (हायरार्की) में, हर कर्मचारी अपनी अयोग्यता के स्तर तक बढ़ने की प्रवृत्ति रखता है।" इसका मतलब है कि अगर आप अपने काम में अच्छा प्रदर्शन करते हैं, तो आपको अपनी संस्था के पदानुक्रम में अगले स्तर पर पदोन्नत किया जाएगा। आप सीढ़ी पर तब तक ऊपर चढ़ते रहेंगे, जब तक आप उस स्तर पर पहुंच नहीं जाते जहां आप अच्छा प्रदर्शन नहीं कर सकते। ऐसे में अगला कदम होता है बगल में स्थानांतरित होना ताकि आप अपने लिए आगे बढ़ने का स्थान बना सकें।

मेरी जिंदगी में द पीटर प्रिंसिपल के इस सिद्धांत का सही उदाहरण है जब मुझे विप्रो टेक्नोलॉजीज में अमेरिकी वीजा के लिए अस्वीकार कर दिया गया क्योंकि मेरे पास इंजीनियरिंग की डिग्री नहीं थी, जबकि मेरे बाकी सहकर्मियों के पास थी। मैंने अपने अथक परिश्रम से उस स्तर तक पहुंचा था। मैंने माइक्रोसॉफ्ट सर्टिफिकेशन्स के माध्यम से वह सब सीखा था, जो उस काम के लिए जरूरी था। मैं उस नौकरी के लिए अपनी क्षमता की ऊपरी सीमा तक पहुंच चुका था और वहां से आगे बढ़ने का कोई रास्ता नहीं था।

एक अवसर तब मिला जब मैंने इस्तीफा देने का निर्णय लिया और मुझे सुझाव दिया गया कि मुझे प्रबंधन (मैनेजमेंट) के करियर पर विचार करना चाहिए। यह समय बगल में स्थानांतरित होने का था क्योंकि ऊपर चढ़ने की सीढ़ी बदल दी गई थी। मैंने अपने बॉस के सुझाव को स्वीकार किया और पुणे की सिम्बायोसिस यूनिवर्सिटी से एम.बी.ए. के लिए नामांकन कराया। यही यात्रा मुझे वहां तक ले गई जहां मैं आज हूं।

अगर मैं उस समय अपने मौजूदा भूमिका के माध्यम से ही अमेरिका पहुंचने पर अड़ा रहता, तो मैं असफल हो जाता। मुझे ऊपर चढ़ने के लिए बगल में स्थानांतरित होना पड़ा।

इसलिए, इस संभावना के लिए हमेशा खुले रहें कि आपकी सफलता की परिभाषा सही न हो। जैसे ही आप ऐसा करेंगे, आप उन अन्य रास्तों का पता लगाने के लिए अधिक तैयार होंगे, जो आपको आपके लक्ष्य तक तेज़ी से ले जा सकते हैं।

हर बार जब आप किसी बाधा का सामना करते हैं, तो समझ लें कि आप एक छत से टकरा गए हैं। अब समय है रचनात्मक होने का, आत्म-विश्लेषण करने का, और यह पता लगाने का कि आप अपने लिए आगे बढ़ने का रास्ता कैसे बना सकते हैं। आप बगल में स्थानांतरित हो सकते हैं, लेकिन कम से कम आप आगे बढ़ रहे हैं। और जब आप आगे बढ़ रहे हैं, तो आप प्रगति कर रहे हैं, आप विकसित हो रहे हैं।

सबक #5: बड़े समस्या के बारे में सोचें, आपकी मौजूदा समस्या छोटी हो जाएगी

बचपन में, मैं खाने-पीने के मामले में थोड़ा नखरेबाज़ था। जब भी मेरी मां कुछ ऐसा पकातीं जो मुझे खास पसंद नहीं होता, तो मैं विरोध करता और कुछ और मांगता। मेरी मां का जवाब हमेशा एक जैसा होता: “सड़क पर उस बच्चे के बारे में सोचो जो शायद भूखा सो गया होगा।” यह सुनकर मैं चुप हो जाता और चुपचाप खाना खा लेता। यह सिलसिला तब तक चलता रहा जब तक मैं बड़ा नहीं हुआ और मेरा स्वाद विकसित नहीं हो गया।

तब मुझे नहीं पता था, लेकिन मेरी मां मुझे समस्याओं को संभालने का एक अनमोल सबक सिखा रही थीं। मुझे बड़ी समस्या पर ध्यान केंद्रित करने को कहकर, वह मेरे सामने मौजूद छोटी समस्या का महत्व कम कर देती थीं। मेरे पास खाने की शिकायत करने का कोई हक नहीं था, जब सड़क पर एक परिवार फुटपाथ पर रहता था और अपनी रोज़मर्रा की जरूरतों को पूरा करने

के लिए संघर्ष करता था। जब से मैंने यह समझा कि उन्होंने मुझे अनजाने में क्या सिखाया था, मैंने हमेशा बड़ी समस्या पर ध्यान केंद्रित करने की कोशिश की है ताकि मेरी मौजूदा समस्या प्रबंधनीय हो जाए।

जब मुझे सशस्त्र बलों में तीसरी बार अस्वीकार कर दिया गया, तो मैं उस रात घर नहीं गया। मैं इतना दुखी और निराश था कि मैंने एक मंदिर के बाहर एक बेंच पर रात बिताई। लेकिन अगले दिन, जब सूरज की किरणों ने मुझे जगाया, तो मैं एक बदला हुआ व्यक्ति था। मैंने महसूस किया कि मेरी असफलता मेरे माता-पिता की गलती नहीं थी और उन्हें इसकी सजा नहीं मिलनी चाहिए। वे मेरे लिए चिंतित थे, और वे इसके लायक नहीं थे।

मुझे घर जाने की एक और वजह यह थी कि अब मेरे पास एक बड़ी समस्या हल करने के लिए थी: “मैं अपने जीवन के बाकी हिस्से के लिए क्या करूं?” यह इतना बड़ा सवाल था कि मेरी असफलता की घटना छोटी लगने लगी।

सच कहूं तो, मेरे पास चिंता करने के लिए इससे बड़ी चीजें थीं, और मुझे अपना ध्यान उसी पर केंद्रित करना था, न कि उस पर जो पहले ही हो चुका था। मैं इसे अपने दिमाग को जानबूझकर दूसरी दिशा में ले जाना, या “ब्रेन-ट्रेन” कहता हूं। आपको अपने विचारों पर नियंत्रण लेना होगा और अपने दिमाग को उस समय सबसे महत्वपूर्ण चीज़ पर केंद्रित करना सिखाना होगा।

सोचिए जब आपके पेट में जोर से दर्द हो रहा हो। ज़रूरी दवा लेने के बाद भी हालत बेहतर नहीं हो रही और अब डॉक्टर से मिलना भी संभव नहीं है। ऐसे में आप क्या करेंगे? आप अपना ध्यान पेट दर्द से हटाने की कोशिश करेंगे। आप कोई फिल्म देखेंगे या अपने फोन पर गेम खेलेंगे। यह दर्द को रोकता नहीं है, लेकिन यह आपको उस दर्द के बारे में सोचने से रोक देता है जब तक कि आप इसके बारे में कुछ और कर सकें।

यह “ब्रेन-ट्रेन” का वही सिद्धांत है जो आपके जीवन के हर पहलू में लागू होता है। जब आप बड़े तस्वीर को देखते हैं, तो आपको एहसास होता है कि आपकी वर्तमान चिंता कितनी छोटी है। यह आपको उस समय के लिए बेहद

जरूरी दृष्टिकोण देता है और आपके दिमाग को बड़ी समस्या के समाधान के बारे में सोचने के लिए साफ करता है।

सबक #6: अपनी कमजोरियों को ताकत में बदलने में समय बर्बाद मत करें

मैं अक्सर लोगों को यह कहते हुए सुनता हूं कि वे अपनी कमजोरियों को अपनी ताकत में बदल रहे हैं। जैसे कोई गुस्सैल और लापरवाह व्यक्ति इन विशेषताओं को 'जुनूनी' और 'नवोन्मेषी' के रूप में पेश करता है। यह सब एक दिखावा है, और जब आप इसकी गहराई में जाते हैं, तो पता चलता है कि इसमें कोई ठोस आधार नहीं है।

मैं इस प्रयास को समय की बर्बादी मानता हूं। मैंने बहुत ही कम लोगों को अपनी कमजोरियों को ताकत में बदलते देखा है। बाकी के लोग केवल अपनी कमजोरियों को एक प्रबंधनीय स्तर तक ला सकते हैं। और इसके लिए भी बहुत मेहनत लगती है, जबकि प्रगति बहुत धीमी होती है। यही कारण है कि मैं चाहता हूं कि आप अपनी ताकत पर ध्यान दें क्योंकि यह आपको सफलता दिलाने की अधिक संभावना रखती है।

परेतो प्रिंसिपल, जिसे 80/20 नियम के रूप में भी जाना जाता है, यह सिद्धांत कहता है कि किसी भी स्थिति में 80% परिणाम 20% प्रयास से आते हैं। तो क्या आप 20% (अपनी ताकत) पर ध्यान केंद्रित नहीं करना चाहेंगे अगर यह आपको 80% सफलता की दर देता है? मुझे पता है कि मैं कौन सा विकल्प चुनूंगा। अगर आप गैर-परेतो रास्ता चुनते हैं और अपनी कमजोरियों पर ध्यान केंद्रित करते हैं, तो आप अपनी ऊर्जा का 80% खर्च करेंगे, केवल 20% परिणाम पाने के लिए।

मेरी सबसे बड़ी कमजोरी कभी टालमटोल करना थी। मैं काम को आखिरी समय तक टाल देता था और फिर उसे जल्दी-जल्दी खत्म करने की कोशिश करता था। मैं इसे सकारात्मक मोड़ दे सकता था और कह सकता था कि टालमटोल ने मेरे दिमाग को एक काम पर सोचने और अधिक रचनात्मक

और नवीन विचारों के लिए जगह बनाने का समय दिया। लेकिन यह सच्चाई पर पर्दा डालने जैसा होगा कि मैं अपने समय के प्रति अनुशासित नहीं था। सौभाग्य से, मैं उस आदत से स्वाभाविक रूप से बाहर निकल आया और इसे किसी फलदायक प्रयास में बदलने में समय बर्बाद नहीं किया।

दूसरी ओर, मैंने अपनी सबसे बड़ी ताकत, अपनी व्यक्तित्व को आगे बढ़ाया। मैं खुद को एक व्यक्ति के रूप में नहीं मानता; मैं खुद को एक इकाई के रूप में देखता हूं। यह मुझे एक व्यक्तिगत दृष्टिकोण से बाहर निकलने और उन कई पहलुओं पर ध्यान केंद्रित करने की क्षमता देता है जो एक इकाई बनाते हैं। मैं हमेशा एक अच्छा कहानीकार रहा हूं और इसे और बेहतर बनाने के लिए मैंने अच्छी बातचीत करने, आकर्षक विषयों पर बात करने, किसी के कहने में ईमानदार रुचि दिखाने, और आम तौर पर एक बेहतरीन पहली छाप बनाने के लिए काम किया है। इसने मेरी व्यक्तित्व को और विकसित किया और मेरे करियर में मेरी बहुत मदद की।

हम सभी अपनी सोच से कहीं अधिक सक्षम हैं और उससे अधिक योगदान दे सकते हैं जितना हम जानते हैं। यह केवल आत्म-संदेह को छोड़ने और खुद पर अधिक से अधिक विश्वास करने के बारे में है। अगर आप ऐसा कर सकते हैं:

- आप कौन से बदलाव करेंगे?
- आप कौन से नए लक्ष्य अपनाएंगे?
- आप कौन से जोखिम उठाएंगे?

अध्याय 6

अपने दोस्तों को करीब रखें

वे दोस्त और गुरु जिन्होंने मेरे जीवन को दिशा दी

"जो लोग मेरे सबसे करीब हैं, वे मेरी सफलता या असफलता का स्तर तय करते हैं। जितने बेहतर वे होंगे, उतना ही बेहतर मैं रहूंगा। और अगर मुझे सबसे ऊंचे स्तर पर जाना है, तो मैं केवल अन्य लोगों की मदद से ऐसा कर सकता हूं। हमें एक-दूसरे को ऊंचा उठाना होगा।"
- जॉन सी. मैक्सवेल

हम सभी बेहतरीन दोस्ती की कहानियों के दीवाने होते हैं। एक ऐसा दोस्त, जो आपको समझे और आपके लिए सबसे अच्छा चाहता हो, ऐसी खुशी है जिसकी हर किसी को ज़रूरत है। बचपन में, बॉलीवुड फिल्म शोले के जय और वीरू के कारनामे देखने में बहुत मजा आता था। मैंने हमेशा अपने दोस्तों के साथ उस तरह की दोस्ती बनाने की कोशिश की है।

लेकिन क्या आप जानते हैं कि एक शानदार दोस्त से भी बेहतर क्या है? एक ऐसा दोस्त जो आपका गुरु भी हो। बिल गेट्स को वॉरेन बफेट के रूप में ऐसा ही एक दोस्त और गुरु मिला। बिल ने अपनी सफलता के पैमाने का श्रेय वॉरेन की मदद को दिया, जो उनके दोस्त और मार्गदर्शक थे। 2015 में एक ब्लॉग में बिल ने लिखा, "वॉरेन सिर्फ एक महान दोस्त नहीं हैं। वह एक अद्भुत गुरु भी हैं। मैं 1991 में उनसे मिलने के दिन से उनसे सीख रहा हूं।"

मेटा के मार्क जुकरबर्ग को भी एप्पल के सह-संस्थापक स्टीव जॉब्स से मार्गदर्शन मिला, जब फेसबुक अपने शुरुआती दिनों में कठिन दौर से गुजर रहा था। स्टीव ने मार्क को भारत आने के लिए आमंत्रित किया, जहां वह एक आध्यात्मिक यात्रा पर थे, जिससे उन्हें कंपनी के लिए अपने विज़न पर पुनर्विचार करने का मौका मिला। स्टीव के 2011 में निधन तक उनका यह गुरु-शिष्य और दोस्ती का रिश्ता बना रहा। उस समय, मार्क ने फेसबुक पर स्टीव के प्रति अपनी प्रशंसा व्यक्त करते हुए लिखा, "गुरु और दोस्त बनने के लिए धन्यवाद। दिखाने के लिए धन्यवाद कि जो आप बनाते हैं वह दुनिया को बदल सकता है।"

हमें अच्छे लोगों से घिरे रहना चाहिए। ऐसे लोग हमारे जीवन की दिशा को बदलने की ताकत रखते हैं। वे हमारा मार्गदर्शन करते हैं, हमें सुधारते हैं, हममें निवेश करते हैं, और हमें सही रास्ता दिखाते हैं। लेकिन गुरु आपके जीवन में खुद-ब-खुद नहीं आते। आपको अपने करियर के हर चरण में उन्हें खोजना होता है, चाहे आप शुरुआत कर रहे हों, अपने करियर के मध्य में हों, या रिटायरमेंट के बारे में सोच रहे हों। अच्छे और सफल लोग, जो आपके लिए सबसे अच्छा चाहते हैं, एक दुर्लभ किस्म होते हैं। इसलिए जब आप उन्हें ढूंढ लें, तो उनसे जितना हो सके सीखें।

देखें कि वे खुद को कैसे प्रस्तुत करते हैं, वे किस चीज़ में अच्छे हैं, वे अपना खाली समय कैसे बिताते हैं, वे किस तरह से बोलते हैं, और ऐसे कई अन्य पहलू। और फिर उन चीज़ों को अपने जीवन में लागू करें। एक पिछले अध्याय में मैंने सफलता के मजबूत पदचिन्हों के बारे में बात की थी, और यह बताया था कि सफल होने का सबसे आसान तरीका यह है कि उन पदचिन्हों का अनुसरण करें जिन्होंने पहले ही उत्कृष्टता हासिल कर ली है।

मेरे जीवन के तीन ऐसे गुरु और दोस्त रहे हैं, जिन्होंने मेरे करियर और मेरी व्यक्तित्व के विकास में महत्वपूर्ण योगदान दिया। मैंने उन्हें अपने जीवन के विभिन्न चरणों में जाना है और हमेशा उन्हें एक ऐसे व्यक्ति के रूप में देखा है जैसा मैं बनना चाहता हूं। उन्होंने मुझे कुछ महत्वपूर्ण सबक सिखाए

हैं जिन्हें अब मैं आपसे साझा कर रहा हूं। ये सबक मेरे लिए बेहद फायदेमंद रहे हैं, और मैं इन्हें हमेशा अपनाता रहूंगा।

एस.एन. रविचंद्रन

रवि मेरे पहले मैनेजर थे जब मैं एन.आई.आई.टी. में शामिल हुआ। मैं एक ग्राफिक डिज़ाइनर के रूप में उनकी टीम में आया था और मेरे पास कोई अनुभव नहीं था। रवि मुझसे लगभग सात-आठ साल बड़े थे। मेरा उनके साथ पहला इंटरेक्शन न तो दोस्ताना था और न ही सकारात्मक। मुझे लगता था कि वह टीम के हर सदस्य के बारे में न सोचकर केवल अपने चहेते लोगों को प्राथमिकता देते थे। लेकिन मेरा विचार तब बदल गया जब हमने एक ऑफिस आउटिंग में भाग लिया। वहां मैंने उनके व्यक्तित्व का बिल्कुल अलग पक्ष देखा। वह मेरी तरह सोचते थे, मेरी तरह बात करते थे, और हमारी रुचियां भी समान थीं।

मेरे पहले से बने विचार उनके बारे में बदलने लगे और जल्द ही हम काफ़ी करीबी बन गए। इससे मैंने सीखा कि पहली छवि हमेशा सबसे सही नहीं होती। हमें दूसरों के बारे में अपने दिल और दिमाग को खुला रखना चाहिए। उन्होंने मुझे कुछ ऐसी बातें सिखाईं, जो आज भी मेरे साथ हैं और मैं उन्हें फॉलो करता हूं।

सबक #1: सही व्यक्ति से आलोचना स्वीकार करना

दुनिया हमेशा निष्पक्ष नहीं होती और हर कोई आपका भला नहीं चाहता। जब आप ऐसे लोगों से मिलें, तो उनकी राय को नज़रअंदाज़ करना सबसे अच्छा होता है। वे आपको अच्छी तरह से नहीं जानते और उनके बयान आपके आत्मविश्वास को चोट पहुंचा सकते हैं। हालांकि, रवि जैसे लोग भी दुनिया में मौजूद हैं। ऐसे लोग आपकी क्षमता को पहचानते हैं और चाहते हैं कि आप सफल हों।

रवि ने मुझे कभी भी आलोचना करने से परहेज़ नहीं किया, खासकर दूसरों के सामने। उन्हें पता था कि सार्वजनिक आलोचना मुझे डराएगी नहीं, बल्कि यह मुझे मजबूत बनाएगी। उन्हें पता था कि अगर मुझे क्रिटिसाइज़ किया गया, तो मैं अपने खोल में नहीं जाऊंगा, बल्कि खुद को साबित करने के लिए और मेहनत करूंगा।

यह सुनना बहुत मुश्किल होता है कि आपने एक काम कैसे गलत किया, खासकर अपने साथियों और सहकर्मियों के सामने। जब भी मैं उन्हें अपना काम दिखाता, वह पहले उसमें कमियां ढूंढते। मेरी पहली प्रतिक्रिया होती कि मैं उन पर "बहुत नुक्ताचीनी करने" का आरोप लगाऊं। लेकिन वह अपनी टिप्पणियां जारी रखते कि मैं अपनी कला को बेहतर कैसे बना सकता हूं।

बाद में मैंने महसूस किया कि रवि मुझे मेरी कम्फर्ट ज़ोन से बाहर धकेल रहे थे। यही मेरे लिए टर्निंग पॉइंट था। मैंने उनकी टिप्पणियों को सकारात्मक रूप से लेना शुरू कर दिया और महसूस किया कि एक वरिष्ठ मैनेजर जैसे रवि मेरे बारे में और मेरे भविष्य की परवाह करते हैं। सही व्यक्ति से मिली आलोचना आपको सफलता की राह पर तेज़ी से आगे बढ़ा सकती है।

कुंजी यह है कि यह पहचानना कि कौन चाहता है कि आप फलें-फूलें और उनकी सलाह को फॉलो करें।

एन.आई.आई.टी. में, मैं अपनी टीम में एक उच्च प्रदर्शन करने वाला कर्मचारी था। मैं उन कुछ ग्राफिक डिज़ाइनरों में से एक था, जो साथ ही साथ विज़ुअलाइज़र भी थे। मेरे काम का एक हिस्सा इंस्ट्रक्शनल डिज़ाइनरों के साथ इंटरेक्ट करना और उनके साथ स्टोरीबोर्डिंग अभ्यास पर काम करना था। लेकिन मुझे इसमें धैर्य नहीं था। मैं मानता था कि मैं अकेले काम करके अधिक कुशल हो सकता हूं। इसलिए, मैं अपने डिज़ाइन तत्व खुद बनाता, बजाय इसके कि मैं बाकी टीम के साथ संवाद करूं।

मैं थोड़ा आलसी भी था, क्योंकि मुझे किसी और को अवधारणा समझाने में समय बर्बाद करना पसंद नहीं था। मुझे लगता था कि मैं इसे तेजी से कर सकता हूं। इसलिए, मैं स्टोरीबोर्ड के शुरुआती फ्रेम्स अकेले बनाता।

विज़ुअलाइज़र अपने टीम लीड्स के साथ काम करते थे, जो फ्रेम्स की समीक्षा करते थे, और फिर इंस्ट्रक्शनल डिज़ाइनर उन्हें दोबारा देखते थे।

रवि इन रिव्यू मीटिंग्स में तब शामिल होते थे जब मेरी टीम प्रेजेंटेशन दे रही होती। मुझे नहीं लगता कि वह अन्य टीमों के साथ ऐसा करते थे। वह चाहते थे कि मैं खुद को संभालकर चलूं और प्रशंसा में बह न जाऊं।

रवि अपनी प्रतिक्रिया में सख्त थे क्योंकि उन्हें पता था कि यह मुझे और बेहतर करने और उन्हें गलत साबित करने के लिए प्रेरित करेगा। यह उनका अपना तरीका था यह सुनिश्चित करने का कि मैं अपनी सफलता के घमंड में न पड़ूं और याद रखूं कि हमेशा मेरा काम मायने रखता है, न कि मेरा अपने बारे में विचार।

उनकी इन मीटिंग्स में मौजूदगी के पीछे दो कारण थे:

- वह चाहते थे कि मैं सीखूं।
- वह मुझे अपने आरामदायक दायरे से बाहर निकालना और मुझे ज़मीन से जोड़े रखना चाहते थे।

सबक #2: खुद में निवेश करें

रवि ने मुझे सिखाया कि हर किसी को अपनी व्यक्तिगत प्रगति और भलाई के लिए काम करना चाहिए। और उन्होंने यह कभी कहकर नहीं, बल्कि अपने उदाहरण से सिखाया।

एन.आई.आई.टी. में, मैं महीने के 3,200 रुपये कमाता था। यह इतना नहीं था कि मैं अपनी इच्छाओं को पूरा करने के लिए खर्च कर पाऊं। उस समय, रवि 27,000 रुपये कमाते थे, जो उस समय भारत के राष्ट्रपति की तनख्वाह 18,000 रुपये से भी ज्यादा थी। वह हमेशा बेहतरीन कपड़ों में नज़र आते और उनके व्यक्तित्व में एक शांत आत्मविश्वास झलकता, जो मुझे भी अपने अंदर लाना था।

मैंने रवि को एलन सॉली और वैन ह्यूज़न जैसे ब्रांड के कपड़े पहनते देखा, जो उस समय के सबसे बेहतरीन ऑफिस वियर माने जाते थे। वहीं मैं जनपथ या सरोजिनी नगर जैसे दिल्ली के सड़क किनारे बाजारों से कपड़े खरीदता था। रवि ने मुझे दिल्ली के पॉश इलाके साउथ एक्स और वहां के एक मशहूर कपड़ों की दुकान 'स्नोव्हाइट' से परिचित कराया। उन्होंने मेरे अंदर एक सपना बोया–एक स्मार्ट, फैशन-फॉरवर्ड इंसान बनने का। तभी से, मैं अपने पहनावे और प्रस्तुति को लेकर हमेशा सतर्क रहता हूं।

रवि एक बेहतरीन फोटोग्राफर भी थे और अपने पहले अमेरिकी दौरे से निकॉन डी.एस.एल.आर. कैमरा लेकर लौटे थे। वह अपने खाली समय में अपने फोटोग्राफी के शौक को पूरा करते थे। मुझे खुशी है कि मैंने उनके इस जुनून को करीब से देखा।

रवि के जीवन से मैंने सीखा कि जीवन को बड़े स्तर पर जीने का महत्व क्या होता है। उन्होंने मुझे दिखाया कि हम केवल पैसे कमाने के लिए काम नहीं करते, बल्कि अपनी रुचियों और जुनून को भी पूरा करने के लिए काम करते हैं।

सबक #3: काम को लेकर भावुक मत बनें

हम सभी अपने काम पर गर्व करते हैं। यह हमारे जीवन का सहारा होता है और हमें एक पहचान देता है, जो हम जीवन भर अपने साथ रखते हैं। और यह बात तब और भी सच होती है जब हम अपने करियर के शुरुआती चरण में होते हैं। मैं भी ऐसा ही था। मुझे जो भी काम सौंपा जाता था, मैं उसमें पूरी उत्सुकता से कूद पड़ता था और कई बार मैं उसमें बहक जाता था।

एन.आई.आई.टी. में एक ग्राफिक डिज़ाइनर और विज़ुअलाइज़र के रूप में, मुझे जब भी कोई प्रोजेक्ट मिलता था, मैं उसे लेकर बहुत भावुक हो जाता था। मैं हमेशा अपना सर्वश्रेष्ठ देना चाहता था, और इसी वजह से मैं सात से आठ विकल्प तैयार कर देता था। यह बहुत ज़्यादा काम था, खासकर जब हर प्रोजेक्ट इसकी मांग नहीं करता था। ऐसे समय में रवि मेरी मदद करते थे और मुझे खुद को थोड़ा आराम देने के लिए कहते थे।

उन्होंने मुझे समझाया कि मैं इतना मेहनत करके न तो खुद की मदद कर रहा था और न ही हमारे ग्राहकों की। वास्तव में, इतने सारे विकल्प पेश करके मैं ग्राहकों को केवल भ्रमित कर रहा था। इसके बजाय, मुझे तीन सबसे अच्छे डिज़ाइन चुनने चाहिए और पहले से यह तय करना चाहिए कि मुझे कौन सा सबसे ज़्यादा पसंद है। इस तरह, मैं ग्राहक को अपने पसंदीदा डिज़ाइन की ओर ले जा सकता था, बजाय इसके कि उन्हें विकल्पों की बाढ़ में उलझा दूं।

यह रवि का एक बहुत ही स्मार्ट कदम था। उन्होंने मेरी ऊर्जा को आठ डिज़ाइन बनाने के बजाय तीन अच्छी कलाकृतियां तैयार करने में लगाया। इससे मेरा काफी समय बचा और मुझे यह सिखाया कि काम से थोड़ी दूरी कैसे बनाई जाए। इसने मुझे अपनी ऊर्जा बचाने और वहां ज्यादा काम न करने की ज़रूरत को समझने में मदद की, जहां उसकी आवश्यकता न हो।

सबक #4: आप उनके साथ भी अच्छा काम कर सकते हैं, जिनसे आपकी बनती नहीं है

एन.आई.आई.टी. में ऐसी संस्कृति थी जो टीम में हर किसी के साथ काम करने को प्रोत्साहित करती थी। छोटी टीमों को अलग-अलग प्रोजेक्ट संभालने के लिए बनाया जाता था, लेकिन इन टीमों को समय-समय पर बदला भी जाता था ताकि हर कोई हर किसी के साथ काम कर सके। इस प्रक्रिया में, मुझे कई टीम लीडर्स के साथ काम करने का मौका मिला।

एक बार, मुझे एक ऐसी लीडर के साथ काम करना पड़ा जिनकी सख्ती के किस्से मशहूर थे। वह काफी सख्त थीं और अपनी टीम से हमेशा बेहतरीन प्रदर्शन की उम्मीद करती थीं। उनके कठोर आलोचना करने की वजह से कई लोग रो तक पड़ते थे।

उनके बारे में ये डरावनी कहानियां सुनने के बाद, स्वाभाविक रूप से, मैं थोड़ा चिंतित था। लेकिन आश्चर्य की बात यह है कि वह मेरी सबसे अच्छे सहकर्मियों में से एक बन गईं। मुझे उनके साथ काम करने में कभी कोई समस्या नहीं हुई क्योंकि मैं जानता था कि उनके साथ कहां सीमा खींचनी

है। वह बहुत डिमांडिंग थीं और हमारे डेस्क के पीछे खड़े होकर हमारा काम मॉनिटर करती थीं। लेकिन मुझे माइक्रोमैनेजमेंट बिल्कुल पसंद नहीं था। मुझे पता था कि मुझे उनके सामने अपनी मजबूत शख्सियत दिखानी होगी।

इसलिए, जब भी वह मेरे पीछे खड़ी होकर मेरा काम देखने की कोशिश करतीं, तो मैं अपनी स्क्रीन लॉक कर देता और वहां से उठकर चला जाता। जल्दी ही उन्हें यह संदेश मिल गया कि मैं उनके इस नियंत्रक व्यवहार को स्वीकार नहीं करूंगा। यहीं से हमारे बीच बातचीत शुरू हुई। हमने एक-दूसरे को परेशान न करने का तरीका सीखा और इस प्रक्रिया में एक बहुत ही मजबूत और उच्च प्रदर्शन करने वाली टीम बनाई।

बाद में मुझे एहसास हुआ कि रवि पहले से ही जानते थे कि हम दोनों एक शानदार टीम साबित होंगे। यही वजह थी कि जब तीन महीने बाद मेरी टीम बदलने का समय आया, तो उन्होंने कहा कि मैं और वह लीडर हमेशा एक ही टीम में रहेंगे। और मुझे उनकी टीम से कभी नहीं हटाया गया।

यही अच्छे बॉस करते हैं। वे अपने जूनियर्स की ताकत को पहचानते हैं और उनका सर्वश्रेष्ठ प्रदर्शन निकलवाते हैं। इस अनुभव से मैंने सीखा कि आप उन लोगों के साथ भी अच्छे से काम कर सकते हैं, जिनसे आपकी खास बनती नहीं है।

रवि और मैं अब संपर्क में नहीं हैं। वह धीरे-धीरे मेरी जिंदगी से दूर हो गए, लेकिन मैं हमेशा उनके लिए शुभकामनाएं देता हूं और जो कुछ उन्होंने मुझे सिखाया, उसके लिए हमेशा उनका आभारी रहूंगा।

भगवंत सिंह सरहदी

दूसरे व्यक्ति, जिन्होंने मेरे करियर को आकार देने में बहुत बड़ी भूमिका निभाई है, वे हैं भगवंत सिंह सरहदी। मैं उनके साथ दिल्ली के कनॉट प्लेस में स्थित एक निजी वित्तीय कंपनी में काम करता था। वह एप्लिकेशन डेवलपमेंट टीम के प्रमुख थे, इसलिए वह मेरे बॉस के समकक्ष थे। भगवंत

ही थे जिन्होंने मेरा इंटरव्यू लिया था, इसलिए मैं उन्हें पहले दिन से ही जानता था।

हमारी शुरुआती दोस्ती चाय और सिगरेट (सुट्टा) के दौरान काम के ब्रेक में हुई। उस समय मैं सिगरेट पीता था, लेकिन शुक्र है कि अब मैंने इस आदत को छोड़ दिया है। हमारी दोस्ती को एक और गहरा कनेक्शन मिला क्योंकि उनका और मेरा भारतीय वायु सेना से नाता था। वह शॉर्ट सर्विस कमीशन के एक अधिकारी के रूप में सेवानिवृत्त हुए थे। उन्होंने उसी विभाग में काम किया था, जहां मेरे पिता थे, और वह वहीं रहते थे, जहां मेरा बचपन बीता था, दिल्ली के राजोकरी स्थित वायु सेना स्टेशन में। इससे हमारे पास साझा करने के लिए ढेर सारी कहानियां थीं।

मुझे पता ही नहीं चला कि स्थानीय चाय की दुकान पर की गई ये बातें कब एक सच्ची दोस्ती में बदल गईं, जो आज भी कायम है। भगवंत मेरे करियर और जीवन के सभी उतार-चढ़ावों में हमेशा मेरे साथ रहे हैं।

सबक #1: हमेशा व्यावहारिकता की ओर झुकें

भगवंत पहले भी और अब भी बेहद व्यावहारिक व्यक्ति हैं। जैसा कि आपने पिछले अध्यायों से समझा होगा, मैं एक भावुक व्यक्ति हूं और जब भी करियर से जुड़े निर्णय लिए हैं, मेरी भावनाओं ने मेरे दिमाग और दिल पर राज किया है। लेकिन भगवंत ने मुझे सिखाया कि व्यावहारिकता अपनाने से कई लाभ मिलते हैं। यह हमें जल्दी से परिस्थितियों के अनुकूल होने, सूझबूझ से निर्णय लेने और आने वाली चुनौतियों के बावजूद आगे बढ़ने में मदद करता है। भगवंत की व्यावहारिकता का मतलब था कि उनके पास हमेशा मानसिक स्पष्टता और सभी समस्याओं के लिए व्यावहारिक समाधान होते थे।

वह एक बेहतरीन योजनाकार थे और अपने समय का कुशलता से उपयोग करते थे। उस समय, वह दिल्ली के बाहरी इलाके फरीदाबाद में रहते थे और ट्रेन से कनॉट प्लेस आते थे। वह अपने सफर के दौरान **इकनॉमिक टाइम्स**

पढ़ते थे ताकि शेयरों में निवेश के अपने शौक को अपडेट रख सकें। वह उस एक घंटे चालीस मिनट की यात्रा का उपयोग निवेश रणनीति बनाने में करते थे और यात्रा समाप्त होने तक यह तय कर लेते थे कि कौन से शेयर खरीदने या बेचने हैं।

ऑफिस पहुंचने के बाद वह सब कुछ भूलकर अपने काम में जुट जाते थे। दिनभर काम पर ध्यान केंद्रित रखते और शाम 4 बजे, जब शेयर बाजार बंद होने वाला होता, तो वह अपने पोर्टफोलियो में बदलाव कर लेते। घर लौटते समय वह किताबें पढ़ते थे।

भगवंत की वजह से ही मैंने प्रेरणादायक किताबें पढ़ना शुरू किया। मैंने पहली प्रभावशाली किताब " हू मूव्ड माई चीज़? " कनॉट प्लेस के फुटपाथ पर एक पुरानी किताबों की दुकान से खरीदी थी। इन किताबों ने मेरी सोच और जीवन के प्रति दृष्टिकोण में बदलाव लाना शुरू किया। इसके लिए मैं भगवंत का आभारी हूं।

व्यावहारिकता का मतलब यह भी है कि आदर्शवाद में थोड़ी संवेदनशीलता का मिश्रण किया जाए। मैं हमेशा से उच्च सिद्धांतों का पालन करने वाला व्यक्ति रहा हूं और आदर्शवादी सोच पर गर्व करता हूं। लेकिन बिना वास्तविकता को ध्यान में रखे आदर्शवाद पर निर्भर रहना मूर्खता हो सकता है।

एक दिन भगवंत ने मुझसे पूछा कि क्या मैं भगवान में विश्वास करता हूं। मैंने उन्हें बताया कि मैं सरस्वती की पूजा करता हूं, जो ज्ञान की देवी हैं। इस पर भगवंत ने तुरंत कहा, "तू भूखा मरेगा"। यह सुनकर मैं हैरान था; ऐसा क्यों होगा? खासकर जब मैं ज्ञान की शक्ति में विश्वास करता हूं।

भगवंत ने इसका जवाब दिया। हमारे ऑफिस में एक छोटा सा मंदिर था क्योंकि कंपनी के प्रबंध निदेशक ज्योतिष और भगवान में गहरा विश्वास रखते थे। वहां एक पंडित भी थे जो नियमित रूप से पूजा करवाते थे। एक दिन भगवंत मुझे उस पंडित से मिलाने ले गए। वहां पंडित ने मुझे एक और

देवी से परिचित करवाया। शारदा, जो लक्ष्मी (धन की देवी) और सरस्वती (ज्ञान की देवी) का मिश्रण थीं।

भगवंत ने मुझे एक जानकार मुस्कान दी, और मुझे समझ में आ गया कि वह मुझे क्या सिखाना चाहते थे। केवल ज्ञान, जिसके माध्यम से अच्छी आजीविका कमाई न जा सके, आज के समय में बेकार है। हमें ऐसा सीखना चाहिए जिससे हम उसका उपयोग करके जीवनयापन कर सकें। उस दिन से, मैं देवी शारदा का अनुयायी बन गया।

मेरे मित्र ने न केवल मेरे विश्वासों को बदला, बल्कि मुझे कल्पनाओं से बाहर निकालकर वास्तविक जीवन से जोड़ा।

सबक #2: अपने दोस्तों का ख्याल रखें

मुझे "विनी द पूह" किताबें पढ़ना बहुत पसंद है। इनमें बच्चों और बड़ों के लिए कई मजबूत जीवन के पाठ हैं। उनमें से मेरी पसंदीदा एक यह है: "एक दोस्त उन सबसे अच्छी चीजों में से एक है जो आपके पास हो सकती है और सबसे अच्छी चीजों में से एक है जो आप बन सकते हैं।"

जब मैंने निवेश कंपनी छोड़ी क्योंकि उन्होंने मुझ पर किकबैक लेने का आरोप लगाया, तो मैंने कई लोगों से संपर्क खो दिया। मैं इन सहयोगियों को अपना दोस्त मानता था, लेकिन जैसे ही मैंने कंपनी छोड़ी, हमारा रिश्ता भी धीरे-धीरे खत्म हो गया।

लेकिन भगवंत अलग थे। वह मुझे हर दिन फोन करते और याद दिलाते कि यह एक मुश्किल दौर है जो जल्द ही खत्म हो जाएगा। उन्होंने मेरे लिए नई नौकरी के अवसर खोजने में मदद की, यह एक ऐसा दयालु कार्य है जिसे मैं कभी नहीं भूल सकता। वह मुझसे मिलने का हर संभव प्रयास करते।

ओखला रेलवे स्टेशन मेरे घर के करीब था और यह उनके रास्ते का एक स्टेशन भी था। तो वह वहीं उतरते और हम पास के चायवाले के यहां मिलते। उस समय उन्होंने मेरी बातें बड़े धैर्य से सुनीं, और हमारी बातचीत ने मुझे

हमेशा बेहतर करने के लिए प्रेरित किया। मैं उन मुलाकातों को अपने जीवन के मजबूत आधार के रूप में देखता हूं।

बेशक, वह कभी मुझे चाय और समोसे का बिल भरने नहीं देते थे। भगवंत ने उस समय मेरा ख्याल रखा जब मैं सबसे कमजोर स्थिति में था। उन्होंने मुझे कभी यह भूलने नहीं दिया कि मैं कौन हूं और मुझमें ऐसा आत्मविश्वास भरा जो आज भी मेरे पास है।

उनकी वजह से मुझे पता है कि चाहे जीवन मुझे जो भी चुनौती दे, मैं हर बार वापस उठ खड़ा हो सकता हूं। यह कितनी अद्भुत भावना है!

कंपनी छोड़ने के कुछ महीनों बाद मुझे विप्रो टेक्नोलॉजीज से ऑफर मिला। भगवंत वह पहले व्यक्ति थे जिन्हें मैंने इस बारे में बताया। अगर वह काम के सिलसिले में हैदराबाद आते, तो वे जोर देकर कहते कि हम एयरपोर्ट या उनके होटल में मिलें।

यह निरंतर संपर्क मेरे जीवन में आशा बनाए रखता था। जब मैंने कॉल सेंटर में ट्रेनर के रूप में काम किया, तो वह बड़े धैर्य से मेरी कहानियां सुनते और कहते, "अरे, यह तो बहुत अच्छा है। मुझे तो यह भी नहीं पता था कि उच्चारण के इतने सारे नियम होते हैं।"

मुझे हमेशा लगता था कि मैं हर दिन प्रगति कर रहा हूं, और यह सब मेरे दोस्त के कारण था।

मेरे पास और भी लोग थे जिनसे मैं अपनी बातें साझा कर सकता था, लेकिन मैं अपने माता-पिता और भाई-बहनों को अपनी संघर्ष की कहानियों से परेशान या चिंतित नहीं करना चाहता था। भगवंत ने उस खालीपन को भर दिया और सुनिश्चित किया कि जब मैं अपनी अगली लड़ाई लड़ रहा हूं, तो वह मेरे साथ थे।

भगवंत अब एक बड़ी कंपनी में कॉर्पोरेट इंश्योरेंस के प्रमुख हैं, और मुझे पूरा विश्वास है कि वह वहां भी अपने सहयोगियों के लिए एक बेहतरीन मार्गदर्शक और दोस्त बने हुए हैं।

सिवाराम टडेपल्ली

जब मैंने एन.आई.आई.टी. और रवि को छोड़ा, तो तुरंत भगवंत से जुड़ गया। और जब मैं अमेरिका चला गया, तो मेरी ज़िंदगी में सिवाराम आए। इस तरह, मेरे जीवन में कभी ऐसा समय नहीं आया जब मैं बिना किसी मार्गदर्शक या गुरु के रहा।

सिवाराम मेरे क्लाइंट पार्टनर थे। वह मेरे बॉस के समकक्ष थे, लेकिन उन्होंने कंपनी में एक अलग वर्टिकल संभाल रखा था। आम तौर पर, आईटी कंपनियों में विभिन्न टीमों के बीच तनाव और खींचतान होती है क्योंकि एक टीम ग्राहक संबंधों पर ध्यान केंद्रित करती है, जबकि दूसरी टीम राजस्व पर। लेकिन सिवाराम की टीम और मेरी टीम के बीच बेहतरीन तालमेल था।

हमारी पहली मुलाकात के दिन ही उन्होंने मुझसे कहा कि वह रिटायर होने वाले थे, लेकिन उन्होंने फिर से काम पर लौटने का फैसला किया ताकि वह अपनी बेटी की कॉलेज फीस भर सकें। उनकी पारदर्शिता बेहद ताज़गी भरी थी। मुझे खुशी है कि उन्होंने मुझ पर भरोसा किया और अपनी निजी ज़िंदगी की बातें मुझसे साझा कीं, जबकि मैं उनके लिए एक अजनबी था।

यही उनकी और मेरी कार्यस्थल और व्यक्तिगत रिश्ते की शुरुआत थी, और यह रिश्ता हमेशा के लिए खास बन गया।

सबक #1: जब कोई अच्छा काम करे तो उनकी सराहना करें

सिवाराम भारतीय प्रौद्योगिकी संस्थान (आई.आई.टी.) कानपुर और भारतीय प्रबंधन संस्थान (आई.आई.एम.) अहमदाबाद के पूर्व छात्र हैं। उनके बाद उनके दोनों भाई भी आई.आई.टी. गए। उनके और उनके परिवार की शानदार शैक्षणिक उपलब्धियों के कारण मैंने हमेशा उन्हें बेहद सम्मान की दृष्टि से देखा।

सिवाराम ने मुझसे कई बार कहा कि मैं उन्हें उनके पिता की याद दिलाता हूं, जिन्हें तकनीक से बेहद लगाव था। टडेपल्ली सीनियर ऐसे समय में काम करते थे जब तकनीक आम लोगों के जीवन का हिस्सा नहीं थी। हालांकि,

उन्होंने रिटायरमेंट के बाद तकनीक को अपनाया और गूगल की मदद से बहुत सारी चीजें खुद सीखीं। मुझे यह सुनकर गर्व महसूस हुआ कि उन्होंने मुझमें अपने पिता की छवि देखी। और जब यह प्रशंसा आई.आई.टी. के एक पूर्व छात्र से आई, तो यह मेरे जीवन की सबसे खास तारीफों में से एक बन गई।

सिवाराम ने कभी भी मेरा आत्मविश्वास बढ़ाने का मौका नहीं छोड़ा। उन्होंने हमेशा मेरे काम को सराहा और मुझे उसकी अहमियत का अहसास कराया। उन्होंने मुझसे कई बार कहा कि मैं समस्याओं के लिए हमेशा नवोन्मेषी (इनोवेटिव) समाधान लेकर आता हूं, और यह कि वह खुद ऐसी सोच शायद ही कभी रख पाते। उन्होंने नोट किया कि मैं कंपनी को हमेशा अपनी कंपनी की तरह मानता हूं। इसका मेरे काम और प्रदर्शन पर गहरा असर पड़ा।

हम एक-दूसरे के लिए साउंडिंग बोर्ड भी थे। सिवाराम अक्सर मुझसे कहते, "मैं यह नहीं कह सकता कि क्या काम करेगा, लेकिन मैं निश्चित रूप से यह बता सकता हूं कि क्या काम नहीं करेगा।" इसलिए, जब भी मैं किसी समस्या का समाधान लेकर आता, तो सबसे पहले उनकी राय लेता। इससे मुझे बहुत समय और मेहनत बचाने में मदद मिली।

सबक #2: नए व्यक्ति को सही राह दिखाएं

जब मैं अमेरिका गया, तो स्वाभाविक रूप से मैं घबराया हुआ था। मैंने भारत के बाहर कभी नहीं रहा था और यह सुनिश्चित नहीं था कि मैं यहां खुद को स्थापित कर पाऊंगा या नहीं। मुझे इस बात की चिंता थी कि मैं एक अजनबी संस्कृति में कैसे ढल पाऊंगा। लेकिन मुझे खुशी थी कि सिवाराम मेरे साथ थे, जो मुझे मार्गदर्शन दे सकते थे।

शुरुआत में, मैं बातचीत के दौरान शायद ही कभी आंखों में आंखें डालकर बात करता था। मेरी नजरें और दिमाग अक्सर इधर-उधर भटकते रहते थे, यह सोचते हुए कि अगला क्या कहना है। लेकिन सिवाराम ने मुझे आंखों के संपर्क की अहमियत सिखाई। उन्होंने बार-बार मुझे यह बात समझाई, और

आखिरकार मैंने वही किया जो वह चाहते थे: मैंने अपना चेहरा ऊपर उठाया और ग्राहक की आंखों में देखा।

यह सिर्फ एक उदाहरण है। सिवाराम ने मुझे इस देश और इसकी संस्कृति के बारे में बहुत कुछ सिखाया। उन्होंने मुझे गणित, विज्ञान, और भाषा जैसे विषयों पर भी ज्ञान दिया। उनके मार्गदर्शन में, मैं एक अनिश्चित व्यक्ति से आत्मविश्वासी व्यक्ति में बदल गया।

हमने अपनी-अपनी टीमों को साथ मिलाकर काम किया, उस समय जब विभिन्न विभागों के आपसी टकराव के कारण कोई और ऐसा करने में सक्षम नहीं था। उस समय, मुझे मेरी कंपनी की ओर से डिलीवरी टीम का सबसे बड़ा पुरस्कार मिला।

सिवाराम ने हमेशा यह सुनिश्चित किया कि मेरे प्रयासों को पहचान मिले। इसके लिए मैं हमेशा उनका आभारी रहूंगा।

सबक #3: कूटनीतिक होने के महत्व को कभी न भूलें

हर कार्यस्थल पर कभी-कभी हालात तनावपूर्ण हो जाते हैं, जहां परिस्थिति को संभालने के लिए समझदारी और कुशलता की जरूरत होती है, ताकि यह किसी बड़े विवाद में न बदल जाए।

एक बार ऐसा हुआ कि मेरी टीम का एक महत्वपूर्ण सदस्य, जो एक बड़े प्रोजेक्ट पर काम कर रहा था, ने इस्तीफा दे दिया। मुझे तुरंत उसकी जगह किसी और को नियुक्त करना था। सिवाराम ने मुझसे पूछा कि क्या मैं किसी उपयुक्त व्यक्ति को जानता हूं। मैं जानता था, लेकिन वह व्यक्ति पहले से ही यूरोप के एक प्रोजेक्ट पर काम कर रहा था। दूसरी टीमों से लोगों को अपनी टीम में लाना आमतौर पर अच्छा नहीं माना जाता, लेकिन मेरे प्रोजेक्ट के लिए वही व्यक्ति सबसे सही था। अब सवाल था कि उसे बिना किसी विवाद के कैसे बुलाया जाए।

इस मामले को सिवाराम ने सफलतापूर्वक संभाला। उन्होंने मेरी तरफ से हस्तक्षेप किया और पूरी प्रक्रिया शुरू की। उन्होंने एक व्यक्ति से बात की, जिसने उस व्यक्ति के टीम लीडर से बात की, और उसके बाद मेरे लीडर से। तीन दिन के भीतर यह तय हो गया कि उस टीम सदस्य को उस प्रोजेक्ट से मुक्त कर दिया जाएगा। उसे तुरंत अमेरिका के लिए रवाना होने और मेरे प्रोजेक्ट में शामिल होने का निर्देश दिया गया।

सिवाराम ने इस स्थिति को कूटनीतिक तरीके से संभाला और मुझे पर्दे के पीछे रखा, ताकि मेरी किसी सहकर्मी के साथ रिश्ते खराब न हों।

इस परिस्थिति में, सिवाराम और मैंने एक टीम की तरह काम किया। हमने अपनी समस्या का समाधान कूटनीति और "डिवाइड एंड कॉन्कर" के सिद्धांत का उपयोग करके किया, जिसमें समस्या को छोटे-छोटे हिस्सों में बांटकर हल किया गया।

सबक #4: निर्भीक बनें

यह कहना आसान है कि हमें अपने डर को भूलकर वह करना चाहिए जो हमारा दिल चाहता है। लेकिन इसे हर दिन अभ्यास में लाना, ताकि यह हर पहलू में हमारे जीवन को बेहतर बना सके, कुछ मेहनत की मांग करता है। डर को हराने का एकमात्र तरीका है स्मार्ट बनना और साहसिक कदम उठाना। यही बात सिवाराम ने मुझे सिखाई।

सभी बड़ी आईटी कंपनियां ऑनशोर और ऑफशोर मॉडल पर काम करती हैं। लगभग 10 प्रतिशत टीम ऑनसाइट होती है, जबकि बाकी काम बेंगलुरु, हैदराबाद, या अन्य भारतीय शहरों से ऑफशोर किया जाता है। इस दूरी और व्यक्तिगत संपर्क की कमी से अक्सर गलतफहमियां और दोनों टीमों के बीच तनाव पैदा हो जाता है। मैं अमेरिका में ऑनसाइट टीम का हिस्सा था, और मेरी ऑफशोर टीम ने मुझ पर आरोप लगाया कि मैं जानबूझकर प्रोजेक्ट को सफल नहीं होने दे रहा था। यह मामला सीनियर लीडरशिप तक पहुंचा,

और एक बैठक तय हुई, जहां मुझे ग्राहक के लिए एक गेट-वेल प्लान पेश करना था।

लेकिन मैं कैसे ऐसा प्लान बना सकता था जिसे ऑफशोर टीम को अमल में लाना था, जबकि उन पर मेरा कोई नियंत्रण नहीं था? उस समय, मैं अपनी लीडरशिप टीम के दबाव में था। कोई भी इस समस्या की जिम्मेदारी नहीं लेना चाहता था, और वे किसी न किसी को बलि का बकरा बनाने की तलाश में थे।

मुझे समझ नहीं आ रहा था कि क्या करना है। मैंने अपनी परेशानी सिवाराम से साझा की। उन्होंने दो दिन सोचा और मुझे सलाह दी कि मैं ग्राहक से बात करूं और उन्हें हमारी चुनौतियों और बाधाओं के बारे में ईमानदारी से बताऊं, जो प्रोजेक्ट की सफलता को प्रभावित कर सकती थीं।

यह सुझाव मेरे लिए हैरान करने वाला था। मुझे लगा, “हम ग्राहक को अपनी कंपनी की अंदरूनी समस्याएं कैसे बता सकते हैं? यह तो अनैतिक है।” लेकिन सिवाराम ने मुझे समझाया कि हमारा काम ग्राहक को सफल बनाना है। यही हमारा लक्ष्य और कर्तव्य है।

सिवाराम के मार्गदर्शन और साहस के कारण मैंने यह बड़ा कदम उठाया। मैंने ग्राहक कंपनी की मुख्य सूचना अधिकारी (सी.आई.ओ.) को फोन किया और उनसे व्यक्तिगत रूप से मिलने का अनुरोध किया। मैंने उनसे हमारी चुनौतियों के बारे में खुलकर बात की और पूछा कि क्या उनके पास इसका कोई समाधान है।

सी.आई.ओ. ने मेरी ईमानदारी की सराहना की और कहा कि वह इस मुद्दे को उस महत्वपूर्ण बैठक में संभालेंगी, जहां सभी टीमें शामिल थीं।

बैठक के दिन, जब मैंने अपनी प्रस्तुति शुरू की, तो सी.आई.ओ. ने बीच में मुझे रोकते हुए कहा, “हम हमेशा आपकी बातें सुनते हैं। क्यों न इस बार राजेश से सुनें?” (राजेश का नाम बदल दिया गया है।)

राजेश, जो ऑफशोर टीम का सबसे सीनियर सदस्य था, पूरी तरह से तैयार नहीं था। उसे स्थिति की कोई जानकारी नहीं थी। बैठक में उसकी

तैयारी की कमी और मुद्दों की समझ को देखकर, सी.आई.ओ. ने उसे कड़ी फटकार लगाई।

इस कहानी को साझा करने का मेरा उद्देश्य यह है कि सिवाराम और मैंने हमेशा अपने ग्राहकों के हित में काम किया। यही हमारा दायित्व था, और सिवाराम ने मुझे इसे समझाया।

सिवाराम की सलाह ने न केवल हमारी कंपनी का समय बचाया बल्कि हमारे ग्राहक के साथ रिश्ते को भी खराब होने से बचाया। इससे हमने ग्राहक पर एक सकारात्मक छाप छोड़ी।

समय के साथ मुझे यह एहसास हुआ कि डर को खत्म करने के लिए केवल एक प्रयास की आवश्यकता होती है। सिवाराम और मैंने जो कदम उठाया, वही वह प्रयास था। उसके बाद, मैंने कभी भी ग्राहक से संपर्क करने और चुनौतियों के बारे में पारदर्शी तरीके से बातचीत करने में डर महसूस नहीं किया।

अब मैं किसी भी स्तर पर, किसी भी संगठन में, किसी से भी बातचीत करने में सहज हूं, अगर मुझे लगता है कि यह मेरी कंपनी के हित में है। यही सिवाराम ने मुझे सिखाया।

ये तीन लोग - रवि, भगवंत, और सिवाराम - मेरी 28 साल की पेशेवर यात्रा के सबसे महत्वपूर्ण हिस्से रहे हैं। उनका मार्गदर्शन न केवल मेरे करियर बल्कि मेरे व्यक्तित्व विकास का भी हिस्सा बन गया। इन महान व्यक्तियों ने मुझे एक संकोची इंसान से एक साहसी नेता बनने में मदद की। आज मैं जो कुछ भी हूं, उसमें इनका बहुत बड़ा योगदान है।

अध्याय 7

समय आ गया है समझदारी से काम करने का

कैसे थोड़ी-सी 'जुगाड़' आपकी बड़ी मदद कर सकती है

"जितना अच्छा कर सकते हो, करो। जब और बेहतर करने का तरीका समझ जाओ, तो उसे अपनाओ।"
- माया एंजेलो

हम सब सफलता पाना चाहते हैं। ऐसा कोई नहीं मिलेगा जो यह कहे कि वह असफल होना चाहता है। लेकिन, जैसा कि हम सब जानते हैं, कुछ चाहने भर से वह चीज़ नहीं मिल जाती। असफलता और अस्वीकृति हमारे जीवन का अभिन्न हिस्सा हैं। सफलता और असफलताओं के बीच का अनुपात बढ़ाना ही हमारा असली लक्ष्य होना चाहिए।

तो, हम क्या कर सकते हैं जिससे सफलता पाने की संभावना बढ़ जाए?

मेरे लिए, इसका उत्तर है समझदारी और कभी-कभी थोड़ा चालाकी भरा चुनाव। आजकल इसे लोग 'चाणक्य नीति' कहते हैं। यह सही हो सकता है, लेकिन मैं इसे 'स्मार्टनेस' कहूंगा।

जब मैं इस किताब को लिख रहा हूं, तो मुझे तीन ऐसे मौके याद आते हैं जब मैंने थोड़ा समझदारी और चालाकी से काम लिया और अपने लक्ष्य के करीब पहुंच सका। इन्हीं फैसलों ने मुझे आज यहां तक पहुंचाया है।

सबक #1: अपने लिए चीज़ें संभव बनाएं

पहला अनुभव विप्रो टेक्नोलॉजीज में हुआ। मुझे वहां नौकरी मिलने की इतनी खुशी थी कि मैंने सोचा, यही मेरी मंज़िल है, और अब मुझे कहीं और जाने की जरूरत नहीं। मैं यहां से रिटायर होने की योजना बना रहा था। लेकिन ज़िंदगी के पास मेरे लिए अलग योजनाएं थीं।

यहां मेरे पहले दिन एक बेहद मजेदार घटना हुई। जैसा कि मैंने पिछले अध्याय में जिक्र किया था, मैंने दिल्ली में एक कॉल सेंटर स्पेक्ट्रा माइंड में नौकरी के लिए आवेदन किया था। यह विज्ञापन तकनीकी भूमिकाओं के लिए था, लेकिन मैं इसे नजरअंदाज कर अपने स्कूटर से आगे बढ़ गया क्योंकि मुझे पहले से ही कन्वर्जिस में तकनीकी सहायता भूमिका के लिए शॉर्टलिस्ट किया गया था। लेकिन तीन किलोमीटर आगे जाने के बाद, मेरे अंदर से एक आवाज़ आई, जिसने मुझे यू-टर्न लेने पर मजबूर किया।

मैंने स्पेक्ट्रा माइंड में आवेदन किया क्योंकि मैं बेरोजगार था और किसी भी काम की तलाश में था। मेरा इंटरव्यू अच्छा गया, और मैंने 20,000 रुपये प्रति माह की मांग की। मुझे आश्चर्य हुआ जब उन्होंने इसे मंज़ूर कर लिया। यह मेरे जीवन में अब तक की सबसे बड़ी तनख्वाह थी। तभी मुझे एहसास हुआ कि मैं अब स्पेक्ट्रा माइंड के लिए नहीं, बल्कि इसके मालिक विप्रो के लिए काम कर रहा हूं।

पहले दिन मुझे ऑनबोर्डिंग के बाद भोजन कूपन दिए गए। जब मैं लिफ्ट में बैठा, तो एक सफेद बालों वाले व्यक्ति ने लिफ्ट से बाहर कदम रखा। मैंने अपने दोस्त से पूछा कि यह कंपनी बूढ़े लोगों को क्यों भर्ती कर रही है। वह व्यक्ति कोई और नहीं बल्कि विप्रो के संस्थापक अज़ीम प्रेमजी थे। यह मेरे लिए एक और "फेसपाम" पल था।

मुझे टेक्निकल कंसल्टेंट के पद पर रखा गया था, जो मेरे लिए बड़ी बात थी। लेकिन मेरी टीम के कुछ सदस्य टेक्निकल लीड कहलाना चाहते थे। मैंने विरोध किया क्योंकि "टेक्निकल कंसल्टेंट" का पद भविष्य में बेहतर अवसरों

के लिए अधिक प्रभावशाली था। मामला इतना बड़ा हो गया कि इसे सुलझाने के लिए बेंगलुरु से एच.आर. हेड को दिल्ली आना पड़ा।

मुझे एहसास हुआ कि यह मेरी चतुराई दिखाने का मौका है। मैंने एच.आर. हेड से झूठ बोल दिया कि हम सभी ने "टेक्निकल कंसल्टेंट" पद पर सहमति व्यक्त की है। उन्होंने राहत की सांस ली और हमारे ऑफर लेटर पर हस्ताक्षर कर दिए। बाद में, उन्हीं "टेक्निकल कंसल्टेंट" पदनाम की वजह से मेरे साथियों को भी बड़े अवसर मिले।

विप्रो में, बेंच एक ऐसा समूह था जहां वे लोग होते थे जिन्हें परियोजनाओं के लिए अस्थायी रूप से नहीं चुना गया। मैंने खुद को जानबूझकर बेंच में डालने की योजना बनाई क्योंकि मैं जिस परियोजना पर काम कर रहा था, उसमें दिलचस्पी नहीं थी। मेरी योजना सफल रही, और अगली परियोजना माइक्रोसॉफ्ट की थी।

माइक्रोसॉफ्ट की परियोजना के लिए चुना जाना मेरे लिए एक बड़ा कदम साबित हुआ। यह मेरी माइक्रोसॉफ्ट सर्टिफिकेशन के कारण हुआ। मैंने जानबूझकर अपनी चालाकी से खुद को "खारिज" कराया और वह सफलता पाई जिसकी मैंने कल्पना की थी।

यह मेरी चाणक्य नीति थी जिसने मुझे विप्रो से हैदराबाद और फिर दुनिया की सबसे बड़ी सॉफ्टवेयर कंपनी तक पहुंचाया।

सबक #2: उन नौकरियों को अपनाएं जो आपके करियर को बढ़ावा दें और आपको अधिक भुगतान करें

मैंने करीब डेढ़ साल बाद विप्रो छोड़ दिया क्योंकि मैं माइक्रोसॉफ्ट की टीम में नहीं जा सका। इसके बाद मैंने कंट्रीवाइड फाइनेंशियल जॉइन किया, जो उस समय अमेरिका की सबसे बड़ी निजी बंधक (मॉर्गेज) कंपनी थी। बाद में इसे 2008 की सबप्राइम मॉर्गेज संकट के दौरान बैंक ऑफ अमेरिका ने अधिग्रहित

कर लिया। वहां मुझे एक प्रबंधकीय पद मिला, और उस नौकरी को पाने की कहानी भी दिलचस्प है।

एक हेडहंटर ने मुझे इस नौकरी के लिए संपर्क किया। चूंकि शीर्ष अधिकारी अमेरिका में थे, इसलिए मेरा इंटरव्यू रात में हुआ। मैंने तकनीकी सवालों के जवाब आसानी से दिए और पहले राउंड में पास हो गया। मुझे पता था कि दूसरा राउंड मुश्किल होगा, इसलिए मैंने खुद को तैयार करने के लिए घर पर एक तकनीकी लैब सेटअप की। मैंने मास्टर और मीडिया सर्वर और बैकअप टेक्नोलॉजीज के विभिन्न परिदृश्यों का अभ्यास किया ताकि इस मौके को जाने न दूं।

दूसरा राउंड पास करने के बाद, मुझे मुंबई बुलाया गया। कंट्रीवाइड ने मेरे हवाई टिकट और रहने की व्यवस्था की। यह मेरे लिए बिल्कुल नया अनुभव था। हालांकि मैंने पहले भी विमान यात्रा की थी, लेकिन इस बार कंपनी मेरे खर्च का ख्याल रख रही थी।

लेकिन आखिरी समय में, उनके कार्यकारी उपाध्यक्ष ने वीडियो कॉन्फ्रेंसिंग के जरिए इंटरव्यू लेने का फैसला किया। यह मेरे लिए राहत की बात थी क्योंकि मैं उस समय पैसों की कमी से जूझ रहा था। वीडियो कॉन्फ्रेंसिंग की लागत जानने के बाद जब मुझे पता चला कि इसका भुगतान कंट्रीवाइड कर रहा है, तो मैंने चैन की सांस ली।

कंट्रीवाइड में मुझे विप्रो से दोगुना वेतन मिला। मैंने अपने कई दोस्तों को यहां जॉइन करने के लिए मनाया क्योंकि यह एक बढ़िया अवसर था। मैंने वहां दो साल तक काम किया।

इसी दौरान, मुझे कॉग्निजेंट से जॉब का ऑफर मिला। मेरे पुराने बॉस, जो अब कॉग्निजेंट में थे, ने मुझे यह मौका दिया। इंटरव्यू के बाद मुझे ₹ 14 लाख प्रति वर्ष का पैकेज दिया गया।

लेकिन इसी दौरान, कंप्यूटर एसोसिएट्स (सी.ए.) ने मुझे ₹16 लाख सालाना का ऑफर दिया। मैंने यह प्रस्ताव स्वीकार कर लिया, भले ही मुझे

अपने पूर्व बॉस को यह बताने में झिझक हुई कि मैं उनके साथ शामिल नहीं हो सकता।

जब मैंने कंट्रीवाइड जॉइन करने के लिए विप्रो से इस्तीफा दिया, तो मेरे बॉस इसे स्वीकार करने में समय ले रहे थे। इस वजह से मेरी नोटिस अवधि समय पर शुरू नहीं हुई। जब मैंने इसे आधिकारिक तौर पर दर्ज किया, तो एच.आर. ने मुझे मेरी मनचाही तारीख पर छोड़ने से इनकार कर दिया।

मुझे हैदराबाद में विप्रो के क्षेत्रीय निदेशक से मिलने के लिए कहा गया। हमारी बातचीत अच्छी नहीं रही और अंत में, मैं बिना रिलिविंग लेटर के चला गया।

मुंबई पहुंचने पर, मुझे लैपटॉप और ब्लैकबेरी का विकल्प चुनने को कहा गया। मेरा पासपोर्ट भी अमेरिकी वीजा के लिए मांगा गया। मैंने अपने हैदराबाद में एक दोस्त से चिलकुर बालाजी मंदिर जाने के लिए कहा, जो "वीज़ा बालाजी" के रूप में प्रसिद्ध है।

और यह काम कर गया! जल्द ही, मैंने अपनी पहली कैलिफ़ोर्निया यात्रा की।

यह अनुभव मुझे यह सिखाने के लिए पर्याप्त था कि अच्छे वेतन और नए अनुभव के लिए अवसरों को कभी न छोड़ें। मेरे करियर में यह छलांग मेरे लिए बहुत महत्वपूर्ण रही।

सबक #3: छोटे-छोटे बदलाव आपके लिए मददगार हो सकते हैं

सी.ए. में मेरा समय काफी फलदायी रहा। हमने अपने ग्राहक आधार का विस्तार किया और यूरोप में काफी बिजनेस विकसित किया। मैंने म्यूनिक जाकर एक और डेटा सेंटर भी स्थापित किया। लेकिन यह कार्यकाल मेरे कमज़ोर बॉस की वजह से समाप्त हो गया। वह हमें छोटे-छोटे पुरस्कारों के

लिए प्रतिस्पर्धा करवाते थे। ₹500 के वाउचर्स के लिए संघर्ष करना बेहद परेशान करने वाला था, खासकर तब जब मेरी इसमें कोई रुचि नहीं थी।

सात महीने बाद, विप्रो में मेरे बॉस, जो मुझे कॉग्निज़ेंट में शामिल करने की कोशिश कर रहे थे, ने फिर से कॉल किया। मैं सीए से तंग आ चुका था और मैंने कॉग्निज़ेंट से मेरे वेतन को बराबर करने के लिए कहा। शुरू में उन्होंने यह कहकर इनकार कर दिया कि मैंने सीए में अभी एक साल भी पूरा नहीं किया है। लेकिन जल्द ही उन्होंने मेरी बात मान ली, और नौ महीने बाद मैंने सीए छोड़ दिया और कॉग्निज़ेंट बेंगलुरु में शामिल हो गया।

कॉग्निज़ेंट में मेरा अनुभव शानदार था। मेरे सभी प्रोजेक्ट टॉप परफॉर्मिंग थे, और हर नया कर्मचारी मेरी टीम का हिस्सा बनना चाहता था। यह एक उत्साहजनक अनुभव था, और मैं इसका पूरा आनंद ले रहा था। लेकिन सिर्फ एक साल में, मुझे बोरियत और बेचैनी होने लगी।

हालांकि मैं असाधारण प्रदर्शन कर रहा था, लेकिन मुझे कुछ नया सीखने को नहीं मिल रहा था। क्या यह आगे बढ़ने का समय था? मैं इस सवाल पर विचार कर रहा था, तभी बैंक ऑफ अमेरिका ने मुझे दोबारा जॉइन करने के लिए बुलाया, इस बार उपाध्यक्ष के रूप में। उन्होंने मुझे ₹25 लाख वार्षिक वेतन की पेशकश की, जिससे मैं संतुष्ट था। मैं हैदराबाद लौटने के लिए तैयार था। लेकिन, जैसा कि अक्सर होता है, ज़िंदगी के पास मेरे लिए और भी बड़े योजनाएं थीं।

मैंने कॉग्निज़ेंट में अपने बॉस को इस्तीफा देने की सूचना दी। विवरण तय करते समय, मैं एक दिन अमेरिका में अपने समकक्ष से बात कर रहा था। उन्होंने मुझे बताया कि वह कंपनी में एक अन्य अवसर की तलाश में हैं और फिर उन्होंने मुझे एक शानदार विचार दिया।

क्यों न मैं अपने बॉस से मुझे उनके पद पर अमेरिका भेजने की बात करूं? मेरे सहयोगी लंबे समय से कॉग्निज़ेंट में थे और वह कंपनी में एक बड़ी भूमिका की तलाश में थे। हमने इस विचार पर चर्चा की, लेकिन मैंने कहा

कि यह सुझाव मेरे बॉस के सामने रखना उचित नहीं लगेगा। यह सुझाव मेरे सहयोगी की ओर से अधिक प्रामाणिक और प्रभावी होगा।

हमने अपनी लाइनों की प्रैक्टिस की और अगले दिन मैंने अपने बॉस से बात की। यह "स्टेज़्ड बातचीत" थी। मैंने अपने बॉस को बताया कि मैंने बैंक ऑफ अमेरिका की पेशकश स्वीकार करने का निर्णय लिया है। मेरे बॉस ने तुरंत मेरे अमेरिकी सहयोगी को फोन किया। मेरे सहयोगी ने बातचीत को शानदार तरीके से निभाया।

मेरे बॉस ने मुझसे आकर कहा कि वह मुझे अमेरिका में मेरे समकक्ष की स्थिति में रखना चाहते हैं। यह मेरे लिए एक अलग और बेहतर अवसर था।

बिंगो! यही चाहिए था।

हमारी योजना काम कर गई। मैंने अपने बॉस से पूछा कि वह यह सुनिश्चित करने के लिए क्या करेंगे कि मेरा वीजा इस बार आसानी से मिल जाए। उन्होंने तुरंत एल-1 वीजा के लिए आवेदन करने का वादा किया। 15 मिनट के भीतर, मुझे ईमेल मिला कि मेरा एल-1 वीजा शुरू हो गया है।

मैंने कंपनी के ट्रैवल डेस्क से जल्दी वीजा अपॉइंटमेंट के लिए अनुरोध किया। 15 दिनों के भीतर, मैं वीजा के लिए चेन्नई में था।

2010 के दिसंबर में, मैं अपने परिवार के साथ अमेरिका पहुंचा। होटल में चेक-इन करने के बाद, मैंने लैपटॉप चालू किया और जून 2011 में ग्रीन कार्ड के लिए आवेदन करने की याद दिलाने के लिए एक रिमाइंडर सेट किया। छह महीने बाद, मुझे ई.बी-1 श्रेणी में ग्रीन कार्ड मिल गया। यह श्रेणी उन लोगों के लिए है जिनके पास असाधारण क्षमताएं हैं या जो बहुराष्ट्रीय प्रबंधक हैं।

1996 से 2004 तक मेरे करियर में धीमी गति थी। मैं नौकरियों में बदलाव कर रहा था लेकिन करियर में उन्नति नहीं हो रही थी। लेकिन अगले

चार साल मेरे जीवन के सबसे तेजी से बढ़ने वाले साल थे। मैंने अमेरिका पहुंचकर वैश्विक अनुभव प्राप्त किया।

मेरे सभी निर्णय - विप्रो से कंट्रीवाइड, फिर सीए और कॉग्निज़ेंट तक - उत्साहजनक कार्य और बेहतर वेतन के लिए थे। मैंने चाणक्य नीति के जरिए अपने लिए अवसर बनाए और उनका लाभ उठाया।

सबक #4: अपनी रुचियों का विकास करें और उन्हें आगे बढ़ाएं

आत्मविश्वास में कुछ खास बात होती है। यह वाकई सफलता को बढ़ावा देता है। जब आप एक सफल दौर में होते हैं, तो आत्मविश्वास आपको और भी जोश के साथ अपने लक्ष्य की ओर बढ़ने की ताकत देता है। यह आपको ऐसा महसूस कराता है जैसे आप ज़मीन से दो फीट ऊपर तैर रहे हों। आप महसूस करते हैं कि आप जो चाहें वह हासिल कर सकते हैं।

जब मैं अमेरिका गया, तो मेरा आत्मविश्वास अपने चरम पर था। दुनिया मेरी थी, और मैं इसे जितना संभव हो, खोजना चाहता था। अमेरिका पहुंचने के बाद मैंने कुछ महीनों तक कॉग्निज़ेंट के साथ काम किया, लेकिन फिर मुझे नई जगह पर काम करने की इच्छा हुई। इस बार, मैं टाटा कंसल्टेंसी सर्विसेज़ में काम करना चाहता था। यह भारत की सबसे बड़ी आईटी कंपनी है, और मैं हमेशा से वहां काम करना चाहता था। लेकिन मुझे पता था कि वे मेरे सीवी पर ध्यान नहीं देंगे क्योंकि वे आमतौर पर ऐसे उम्मीदवारों को प्राथमिकता देते हैं जिनकी दसवीं और बारहवीं कक्षा में बेहतरीन परफॉर्मेंस हो। और मेरा शैक्षणिक रिकॉर्ड काफी विविधतापूर्ण था - विज्ञान, वाणिज्य और कला की पृष्ठभूमि का मिश्रण।

लेकिन अब मैं अमेरिका में था। यह एक बड़ा अंतर था। और जब मुझे टाटा कंसल्टेंसी सर्विसेज़ में एक अवसर के बारे में एक हेडहंटर का कॉल आया, तो मैंने इसे आज़माने का फैसला किया।

मुझे नौकरी के लिए 17 राउंड के इंटरव्यू देने पड़े। 17! जब मुझे ऑफर लेटर मिला, तो मैंने सोचा कि काश मैंने और ज्यादा मांगा होता क्योंकि उन्होंने मुझे मेरी मांगी हुई हर चीज़ दी। मैंने सालों से टाटा कंसल्टेंसी सर्विसेज़ में काम करने का सपना देखा था, और आखिरकार वह सपना सच हो गया। हालांकि, यह अनुभव बहुत खास नहीं था। मेरी टीम सबसे अच्छी नहीं थी। हर स्तर पर लालफीताशाही और नौकरशाही थी, और लोग समय पर निर्णय नहीं ले रहे थे।

फिर भी, जब तक मैं वहां था, मैंने अपना काम ईमानदारी से किया। कंपनी के प्रति मेरी राय जो भी रही हो, मुझे कुछ विशिष्ट कार्यों के लिए हायर किया गया था, और मैं उन्हें पूरा करना चाहता था। मेरी जिम्मेदारियों में से एक उनकी रिलीज़ मैनेजमेंट प्रक्रिया और इवेंट मैनेजमेंट प्रक्रिया को ठीक करना था। ग्राहक पहले से ही देरी से नाखुश थे, लेकिन मेरे पास जादू की छड़ी नहीं थी कि समस्या को तुरंत ठीक कर सकूं। मैंने दो महीने के विस्तार की मांग की, जो कुछ बातचीत के बाद मिल गया। उस समय, मैंने सब कुछ सही किया, और सी.आई.ओ. और सी.एफ.ओ इतने खुश हुए कि उन्होंने टाटा कंसल्टेंसी सर्विसेज़ की अकाउंटिंग टीम से कहा कि हमारे इनवॉइस भेजें। उसी दिन मैंने नौकरी छोड़ दी। मैं वहां केवल नौ महीने तक था क्योंकि टाटा कंसल्टेंसी सर्विसेज़ और मैं एक-दूसरे के लिए उपयुक्त नहीं थे।

इसके बाद मुझे एस.सी. जॉनसन से एक ऑफर मिला, जो घरेलू सफाई उत्पादों और अन्य उपभोक्ता रसायनों का निर्माण करती है। वहां मैंने पांच साल बिताए। उस समय के लिए यह मेरी व्यक्तिगत उपलब्धि थी। एससी जॉनसन में, मैंने पहली बार एक ग्राहक की भूमिका निभाई। इससे पहले हर नौकरी में मैं या मेरी कंपनी सेवा प्रदाता थी।

वहां का मेरा कार्यकाल घटना-मुक्त लेकिन सफल रहा। पांच साल के बाद, मेरे सी.आई.ओ. ने एससी जॉनसन छोड़ दिया और स्पार्टननैश में शामिल हो गए। स्पार्टननैश एक फॉर्च्यून 500 कंपनी है जो खाद्य वितरण और किराना

स्टोर रिटेल में काम करती है। उन्होंने मुझे अपनी टीम में शामिल होने के लिए कहा, लेकिन उनके पास एक गैर-लुभावन समझौता था, इसलिए वे मुझे सीधे हायर नहीं कर सकते थे। उसी समय मैंने अपनी कंसल्टेंसी शुरू की, जिसे मैं आज भी चलाता हूं।

अपनी रुचियों को विकसित करने और उन पर काम करने से आत्मविश्वास बढ़ता है। स्मार्ट निर्णय लें, खुद पर भरोसा रखें, और देखें कि आप कितनी दूर तक जा सकते हैं।

अध्याय 8

सीखने की खुशी

क्यों आजीवन छात्र बने रहना हमेशा लाभदायक होता है

"कभी सीखना बंद मत करो,
क्योंकि जीवन कभी सिखाना बंद नहीं करता।"
- अज्ञात

मेरे एक दोस्त का पाँच साल का बेटा है, जो अब तक का सबसे शरारती बच्चा है जिसे मैंने देखा है। उसे एक जगह बैठाना लगभग असंभव है और उसके माता-पिता भी इस आदत को सुधारने के लिए संघर्ष कर रहे हैं। वह एक प्रतिस्पर्धी बच्चा है और खेल खेलना बहुत पसंद करता है। इसलिए, उसके माता-पिता ने उसे आम बाहरी खेलों के साथ-साथ शतरंज की क्लास में भी डाल दिया है। एक घंटे की यह क्लास ही एकमात्र समय है–खाने के समय को छोड़कर–जब वह इतने लंबे समय तक बैठता है। वह ऐसा इसलिए करता है क्योंकि उसे नए खेल सीखना बहुत पसंद है, और इस समय शतरंज उसका नया जुनून है। उसे अपने शिक्षक को मात देने की कोशिश करना और उनकी क्लास में मजाकिया बातें करना बेहद पसंद है।

इस पूरी बात में मुझे जो सबसे खास लगा, वह यह है कि जब हम किसी दिलचस्प चीज़ में शामिल होते हैं, तो वह हमारे ऊपर गहरा प्रभाव डालती है। और उससे मिलने वाली खुशी के कारण हम बदलने को तैयार भी हो जाते हैं। यह सीखने की ताकत है।

मैंने हमेशा सीखने को अपना सबसे अच्छा दोस्त माना है। किसी नई स्किल या कोर्स में खुद को डुबो देना मुझे बेहद खुशी देता है। और व्यावहारिक रूप से देखें, तो हममें से कोई भी सीखने से बच नहीं सकता। यह ऐसा है जिसे हम टाल नहीं सकते। अगर आप बढ़ना चाहते हैं, तो आपको सीखते रहना होगा। जैसे-जैसे हमारे आसपास की चीजें बदलती हैं, हमें नई दुनिया के साथ तालमेल बिठाने के लिए नई स्किल्स की जरूरत होती है। हमारी पुरानी स्किल्स का मूल्य धीरे-धीरे कम हो जाएगा। इसलिए, सीखना विकास का बहुत महत्वपूर्ण हिस्सा है।

मैं एक आजीवन सीखने वाला व्यक्ति हूं। यह एक ऐसा गुण है जिस पर मुझे गर्व है। मैं हमेशा खुद को बेहतर बनाने के तरीकों की तलाश में रहता हूं। चाहे वह मेरा व्यक्तिगत जीवन हो या पेशेवर जीवन, अगर मुझे खुद को आज से बेहतर बनाने का कोई मौका मिलता है, तो मैं उसे ज़रूर अपनाता हूं।

सबक #1: सीखना (या न सीखना) आपको वहां ले गया जहां आप हैं

अगर आप इस किताब को यहां तक पढ़ चुके हैं, तो आप जान गए होंगे कि मेरे पेशेवर जीवन का रास्ता थोड़ा असामान्य रहा है। मैं कई विषयों का छात्र हूं। विभिन्न प्रमाणपत्र और अनुभव प्राप्त करने की मेरी इच्छा का मतलब था कि भले ही मैं कॉलेज की पढ़ाई के आधार पर टेक्नोलॉजी क्षेत्र के लिए योग्य नहीं था, फिर भी मैं इस क्षेत्र में आ गया। आपको शायद ही कोई ऐसा व्यक्ति मिलेगा जिसके पास इस क्षेत्र में काम करने के लिए बी.ई., बी.टेक., बी.सी.ए या एम.सी.ए. की डिग्री न हो। मेरे पास इनमें से कुछ भी नहीं था। लेकिन आज मैं अमेरिका की एक फॉर्च्यून 500 कंपनी का सी.टी.ओ. हूं।

माइक्रोसॉफ्ट सर्टिफाइड सिस्टम्स इंजीनियर सर्टिफिकेशन प्रोग्राम ने मेरे लिए संभावनाओं की एक नई दुनिया खोल दी। मुझे बेहद खुशी है कि मेरे दोस्त ने मुझे इसमें नामांकित किया और मैंने इसे पूरा किया। मैं अक्सर सोचता हूं कि अगर मैं जिद्दी स्वभाव का होता, उस तरह का व्यक्ति जो अपने

दोस्त के हस्तक्षेप से चिढ़ जाता, तो मेरे साथ क्या होता। निश्चित रूप से, मैं आज जहां हूं, वहां के आस-पास भी नहीं होता।

अगर मुझमें अधिक हासिल करने की भूख नहीं होती, तो मैंने अपने दोस्त के सुझाव को खारिज कर दिया होता। कई लोग ऐसे हैं जो अपने जीवन में जहां हैं, वहीं खुश हैं, और इसमें कुछ भी गलत नहीं है। लेकिन अगर आप खुश नहीं हैं, अगर आप बदलाव लाना चाहते हैं, तो कुछ नया सीखना इसे हासिल करने का सबसे अच्छा और आसान तरीका है।

इंस्टाग्राम ऐसी कहानियों से भरा हुआ है जहां लोग एक नई आदत या शौक को अपनाते हैं और कुछ वर्षों में खुद को एक नई जिंदगी में पाते हैं। मैंने ऐसा किया, और आप भी कर सकते हैं।

सबक #2: आपकी कमजोरियां आपकी सबसे बड़ी ताकत बन सकती हैं

जब मैं 2010 में पहली बार अमेरिका आया, तो मुझे यह स्वीकार करना होगा कि मुझे हीन भावना का सामना करना पड़ा। मैंने विप्रो और कॉग्निजेंट जैसी बड़ी टेक कंपनियों में काम किया था। मैं अपने काम में अच्छा कर रहा था, इतना अच्छा कि मुझे दूसरे देश में स्थानांतरित किया गया। लेकिन यह तथ्य कि मेरे पास अपने सहयोगियों की तरह टेक डिग्री नहीं थी, हमेशा मुझे खटकता था। मैंने आर्ट्स में ग्रेजुएशन किया था, जिसमें मेरा मेजर इकोनॉमिक्स और पॉलिटिकल साइंस था। यह मेरे काम में किसी भी तरह से मददगार नहीं था। मेरे कुछ पुराने बॉस ने भी, जो "सही" डिग्री न होने की वजह से मेरे करियर के अवसरों को नुकसान पहुंचाना चाहते थे, मेरे साथ अन्यायपूर्ण व्यवहार किया।

हालांकि, जब मैं अमेरिका आया और खुद को एक इकोनॉमिक्स और पॉलिटिकल साइंस ग्रेजुएट के रूप में पेश किया, तो लोग प्रभावित हुए। यहां इन विषयों को काफी सम्मान दिया जाता है, और इनमें उत्कृष्टता हासिल करना आपको काफी प्रशंसा दिलाता है। अचानक, जिन चीजों को मैंने सबसे

कम आंका था, वे मेरे लिए आत्मविश्वास का बड़ा स्रोत बन गईं। मैंने यह सीखा कि चाहे हम लोगों से कितनी भी बार कहें कि "किसी किताब को उसके कवर से मत आंकिए," ऐसा होता ही है। जब तक कोई किताब खोलकर उसे पढ़ता नहीं, वह उसकी वास्तविक कीमत नहीं समझ सकता।

मैंने नए कौशल सीखने का दृढ़ संकल्प किया क्योंकि वे मेरी "किताब के कवर" मेरे बायोडाटा को और अधिक आकर्षक बनाएंगे। इससे लोग कम से कम यह जानने की कोशिश करेंगे कि मैं क्या लेकर आ रहा हूं। यही वह समय था जब मैंने विभिन्न कॉलेजों से पाठ्यक्रम लेने शुरू किए। मैंने अब कॉर्नेल यूनिवर्सिटी , मैसाचुसेट्स इंस्टीट्यूट ऑफ टेक्नोलॉजी (एमआईटी), यूनिवर्सिटी ऑफ कैलिफोर्निया, बर्कले, और स्टैनफोर्ड यूनिवर्सिटी जैसे प्रतिष्ठित संस्थानों से पाठ्यक्रम चुने हैं, जो मुझे रुचिकर लगे।

इन पाठ्यक्रमों ने मेरे काम और मेरी रोजमर्रा की जिंदगी में मुझे बेहद मदद की है।

सबक #3: कई बार, आप पहले से ही पाठ जानते हैं

2017 में, मैंने कॉर्नेल यूनिवर्सिटी से सर्वेंट लीडरशिप पर एक कोर्स के बारे में सुना। हां, आपने सही पढ़ा। उस समय, मुझे भी इस नाम पर हैरानी हुई। यह दिलचस्प लगा, इसलिए मैंने इसे जॉइन कर लिया। सर्वेंट लीडरशिप एक ऐसा दर्शन है जो इस विश्वास पर आधारित है कि सबसे प्रभावी नेता वे होते हैं जो दूसरों की सेवा करने का प्रयास करते हैं, न कि केवल शक्ति प्राप्त करने या नियंत्रण करने का। इसमें कोई पदानुक्रम नहीं होता, और नेता अपनी टीम के साथ काम करते हैं, खुद भी मेहनत में शामिल होते हैं।

जैसे-जैसे दिन बीते, मुझे एहसास हुआ कि महात्मा गांधी, नेल्सन मंडेला और मदर टेरेसा ने भी इस नेतृत्व शैली का पालन किया, भले ही उन्हें इसके बारे में कोई जानकारी न हो। और मैं भी ऐसा ही करता हूं - हालांकि मेरा प्रभाव दुनिया पर बहुत, बहुत छोटा है।

मैं हमेशा अपनी टीम के करीब रहा हूं। क्योंकि वे अपना काम अच्छे से करते हैं, मुझे उनके बॉस होने का सौभाग्य मिलता है। वे सुनिश्चित करते हैं कि मेरी नौकरी बनी रहे। बहुत से बॉस अपनी टीम के साथ वास्तविक रूप से बातचीत करने में झिझकते हैं। वे सिर्फ काम सौंपने और ईमेल भेजने में खुश रहते हैं। लेकिन मैं ऐसा नहीं हूं। मुझे रोज़मर्रा के कामों में गहराई से शामिल रहना पसंद है। मेरी टीम ग्राहकों को कैसे खुश करती है, यह जानने में मुझे बहुत दिलचस्पी रहती है। इस कोर्स ने मुझे यह भी समझने में मदद की कि अमेरिकी बाज़ार कैसे काम करता है।

यह कोर्स एक अच्छा उदाहरण था कि कई बार आप किसी चीज़ को जानते हैं, लेकिन उसे पहचान नहीं पाते। इसने मुझे दिखाया कि जो मैं अपनी टीम के साथ कर रहा था - चाहे वह जानबूझकर हो या अनजाने में - वह हमारे सभी के लिए सही था। यह कोर्स भले ही मुझे कुछ नया न सिखा पाया हो, लेकिन अब मुझे यह समझ में आया कि मैं जो कर रहा था, वह कितना मायने रखता है।

जो ज्ञान बाहर उपलब्ध है, वह कई बार आपके भीतर भी होता है। बस आपको उसका एहसास नहीं होता। हम सभी किसी न किसी रूप में इतिहास को दोहरा रहे हैं। हो सकता है हम अग्रणी न हों, लेकिन हम उनके पदचिन्हों पर चलते हुए भी बहुत अच्छा कर रहे हैं।

सबक #4: वास्तविक दुनिया में आवेदन ही सभी सीखों को रोमांचक बनाता है

पिछले अध्यायों में, मैंने “द पीटर प्रिंसिपल” नामक किताब का ज़िक्र किया था।

इस किताब की सबसे खास बात यह है कि यह विकास के बारे में बात करती है। जब आप पेशेवर रूप से बढ़ते हैं, तो आप अपनी क्षमता की छत के करीब पहुँच जाते हैं। इसका मतलब है कि बढ़ने के लिए जगह कम होती

जाती है। तो ऐसे में क्या करें? रुक जाएं? बिल्कुल नहीं। एकमात्र विकल्प है उस छत को और ऊपर धकेलना।

यही वजह है कि मैंने विभिन्न विश्वविद्यालयों में पढ़ाई जारी रखी और उन सीखी हुई बातों को अपने काम में लागू किया।

बर्कले यूनिवर्सिटी में मैंने टेक्नोलॉजी लीडरशिप पर एक कोर्स किया, जिसने मुझे तकनीक से परे की दुनिया को समग्र दृष्टिकोण से देखने का नजरिया दिया। इस कोर्स ने मुझे अपने सहकर्मियों, समकक्षों, या व्यापार के लीडर्स के दृष्टिकोण को समझने में मदद की। मैंने यह भी सीखा कि तकनीक कैसे कंपनी को लंबे समय तक बचा सकती है और जब मैं बोर्ड के सामने फंडिंग मांगने जाऊं, तो कहानी कैसे प्रस्तुत करूं।

एक उदाहरण लेते हैं। फॉर्च्यून 500 कंपनी में, जहाँ मैं काम करता हूँ, वहाँ किसी भी तकनीकी नेता के सामने सबसे बड़ी चुनौती होती है टेक्निकल डेब्ट (तकनीकी कर्ज)।

हर संपत्ति (एसेट) की एक आयु होती है। उदाहरण के लिए, एक सर्वर या नेटवर्किंग के लिए एक स्विच का आमतौर पर सात साल का अवमूल्यन (डिप्रिसिएशन) काल होता है। यह कुछ और वर्षों तक चल सकता है, लेकिन तब तक तकनीक अप्रचलित (ऑब्सोलीट) हो जाती है। तकनीकी शब्दों में इसे एंड-ऑफ-लाइफ (ई.ओ.एल.) और एंड-ऑफ-सपोर्ट (ई.ओ.एस.) कहा जाता है।

एक बार जब आपकी संपत्ति इस स्तर पर पहुँच जाती है, तो आप रैनसमवेयर हमलों के प्रति बेहद संवेदनशील हो जाते हैं। एक हैकर आसानी से आपके नेटवर्क में घुस सकता है, जिससे कंपनी को भारी प्रतिष्ठात्मक नुकसान हो सकता है।

इसलिए मेरी भूमिका में, मैं हमेशा समय से आगे रहने की कोशिश करता हूँ और यह सुनिश्चित करता हूँ कि इन पुरानी तकनीकों को अपडेट करने के लिए हमेशा फंडिंग उपलब्ध हो।

पहले, जब मैं बोर्ड से पैसे मांगने जाता था, तो मुझसे हमेशा पूछा जाता था कि यह खर्च कंपनी के टॉपलाइन (रेवेन्यू) को कैसे प्रभावित करेगा। मेरा जवाब होता था कि इसमें प्रत्यक्ष रिटर्न ऑन इन्वेस्टमेंट (आर.ओ.आई.) नहीं है, क्योंकि यह कंपनी की तकनीकी नींव का हिस्सा है।

इस स्पष्टीकरण के बावजूद, बोर्ड अक्सर मानता था कि फंड्स को नए ट्रक खरीदने या डिस्ट्रीब्यूशन सेंटर की मरम्मत पर खर्च करना अधिक उपयोगी होगा।

यूनिवर्सिटी ऑफ कैलिफोर्निया, बर्कले कोर्स ने मुझे यह कौशल दिया कि मैं अपनी बात को एक ऐसी कहानी में बदल सकूं जिसे बोर्ड के सदस्य आसानी से समझ सकें।

मैं अब उन्हें समझा सकता था कि ये अपग्रेड कैसे हमारी कंपनी को नवीनतम तकनीकों का उपयोग करने में सक्षम बनाएंगे, जिससे अधिक रोबोटिक्स और ऑटोमेशन सिस्टम में शामिल किए जा सकें।

इससे हम तेजी से डिलीवरी कर सकते हैं, परिचालन लागत को कम कर सकते हैं, और टॉपलाइन और बॉटमलाइन दोनों पर प्रभाव डाल सकते हैं। जब मैंने कहानी बदल दी, तो बोर्ड को समझाने में आसानी हो गई।

एक और समस्या का समाधान मैंने इस कोर्स से प्राप्त ज्ञान की मदद से किया।

हमारी कंपनी के सामने सबसे बड़ी चुनौती स्टॉक को शेल्फ पर फिर से भरने की थी। यह एक बहुत ही मानव-सघन गतिविधि है।

हमने पूरे प्रक्रिया को स्वचालित करने की योजना बनाई। लेकिन यह तभी संभव हुआ क्योंकि हमने पहले ही तकनीकी नींव को ठीक कर लिया था।

बोर्ड ने तुरंत इस योजना की वैल्यू को समझा और नेटवर्क अपग्रेड को अनुमति दी, जिससे काम में तेजी आई और लागत में कमी हुई।

इस प्रकार, मैंने अपने कोर्स से सीखे हुए पाठों को बोर्डरूम में और अपने व्यापारिक नेताओं के साथ साझा किया।

एमआईटी में डिजिटल ट्रांसफॉर्मेशन इन सप्लाई चेन पर कोर्स ने मुझे रोबोटिक्स के महत्व को समझाया, और बर्कले कोर्स ने मुझे उसे एक व्यावसायिक बयान में बदलने का कौशल दिया।

सबक #5: सीखना आपके व्यक्तिगत जीवन को भी प्रभावित करेगा

हम कैसे जीते हैं और अपने बच्चों के लिए क्या छोड़कर जाते हैं, यह एक ऐसा विषय है जो मुझे गहराई से आकर्षित करता है। कुछ समय पहले, मैंने एक लेख पढ़ा जो हमारे कार्बन क्रेडिट खत्म होने के करीब होने की चेतावनी दे रहा था। कार्बन क्रेडिट एक तरीका है जिससे कार्बन डाइऑक्साइड या अन्य ग्रीनहाउस गैसों के उत्सर्जन की भरपाई की जाती है। यह उत्सर्जन को कम करने, बचाने, या हटाने का प्रयास है ताकि कहीं और किए गए उत्सर्जन की भरपाई हो सके।

उस लेख ने मुझे इतना झकझोर दिया कि मैं उस रात चैन की नींद नहीं सो सका। मैंने सोचा कि जब मेरे बच्चे बड़े होंगे तो वे कितने जहरीले वातावरण में सांस लेंगे और उनके लिए सिर्फ जीवित रहना भी कितना मुश्किल हो जाएगा।

इसी चिंता ने मुझे स्टैनफोर्ड यूनिवर्सिटी - सस्टेनेबिलिटी प्रोग्राम में दिलचस्पी लेने के लिए प्रेरित किया। मुझे लगा कि मैं जानता हूँ कि मनुष्यों ने पृथ्वी पर कितना नुकसान किया है, लेकिन इस कोर्स को शुरू करने के बाद ही मुझे पता चला कि स्थिति कितनी खराब है। दुनिया की वर्तमान स्थिति अकल्पनीय है, और मुझे सिहरन होती है यह सोचकर कि आने वाली पीढ़ियाँ क्या विरासत में पाएंगी। इस लेख और स्टैनफोर्ड यूनिवर्सिटी के कार्यक्रम ने मुझे अपनी जीवनशैली में बड़े बदलाव लाने के लिए मजबूर कर दिया।

तब से, मैंने अपनी पूरी कोशिश की है कि मैं पेट्रोल से चलने वाली कार की बजाय अपनी इलेक्ट्रिक कार चलाऊँ। मैंने लकड़ी से चलने वाले फायरपिट का उपयोग बंद कर दिया है क्योंकि मैं कार्बन फुटप्रिंट में योगदान नहीं देना चाहता। मैंने अपने सभी बैंक खातों में 'नो पेपर स्टेटमेंट' का विकल्प चुना है। मैंने अपनी छत पर सोलर पैनल लगवाए हैं। ये अब तक मैंने अपने दैनिक जीवन में लाए गए छोटे बदलाव हैं, और उम्मीद है कि जल्द ही मैं और भी बड़े कदम उठाऊँगा।

हमारी सारी सीख स्कूलों और कॉलेजों से नहीं होती, है ना? जीवन का विश्वविद्यालय हमें बहुत कुछ सिखाता है। मैं अपने पेशेवर जीवन के उस पड़ाव पर पहुँच चुका हूँ जहाँ मुझे नहीं लगता कि मैं और अधिक बढ़ने के लिए जगह बना सकता हूँ। जब मैं अपने अनुभवों और उपलब्धियों पर पीछे मुड़कर देखता हूँ, तो मुझे विश्वास होता है कि मैंने अपनी उम्मीदों से कहीं अधिक किया है। और जब आप मेरी वर्तमान स्थिति तक पहुँचते हैं, तो आप दूसरों को वापस देने के बारे में सोचना शुरू करते हैं।

साल 2023 में, मेरी माँ के निधन के बाद, मैंने एक नॉन-प्रॉफिट शुरू किया। इसका दोहरा उद्देश्य है:

- भारत में वंचितों को शिक्षा प्रदान करना।
- देश के युवाओं में उद्यमशीलता की संस्कृति विकसित करना।

अपने नए ट्रस्ट के माध्यम से, मैं इन बच्चों को वास्तविक जीवन का अनुभव देने की कोशिश कर रहा हूँ। भारतीय शिक्षा प्रणाली अवधारणाओं को सिखाने में तो उत्कृष्ट है, लेकिन यह छात्रों को कक्षा की दीवारों के बाहर की दुनिया का कोई अनुभव नहीं देती। छात्रों को दुनिया की कार्यप्रणाली समझने में कम से कम एक साल लग जाता है और उसके बाद वे अपने काम की चुनौतियों का सामना करने के लिए तैयार होते हैं। यह एक मूल्यवान समय की बर्बादी है, खासकर उस उम्र में जब स्नातकों को सिस्टम में बड़ा बदलाव लाना चाहिए।

ट्रस्ट की मदद से, ये बच्चे अपने डिग्री मिलने के तुरंत बाद उत्पादक बन सकते हैं और उन्हें ऑन-द-जॉब ट्रेनिंग की ज़रूरत नहीं होगी। हम उनके पाठ्यक्रम के साथ-साथ उद्योग में वर्तमान में आवश्यक सभी कौशल प्रदान करते हैं। इससे उन्हें नौकरी प्राप्त करना आसान हो जाता है। मैं उन्हें प्रोजेक्ट मैनेजमेंट, कम्युनिकेशन, और टाइम मैनेजमेंट जैसे कौशल सिखाता हूँ।

मैं उन्हें स्टार्टअप्स में सीडिंग फंड भी देता हूँ ताकि वे ऐसा प्रोटोटाइप विकसित कर सकें जो एक दिन उनकी दुनिया बदल सके। मैंने उनका पर्सनैलिटी प्रोफाइलिंग (व्यक्तित्व मूल्यांकन) भी किया है, जो किसी व्यक्ति की व्यक्तिगत विशेषताओं को मापता है। इसने मुझे हर छात्र के बारे में अद्वितीय जानकारी दी है ताकि मैं उन्हें सभी उपकरण और तकनीक उनके समकक्षों की तुलना में बहुत पहले प्रदान कर सकूँ।

मेरा सपना है कि मेरे ट्रस्ट से निकलने वाले ये बच्चे ऐसे सच्चे पेशेवर बनें जिन्हें कंपनियाँ खुशी-खुशी चुनें और काम पर लगाएँ। और मेरी अंतिम आशा है कि वे छोटे उद्योगों के माध्यम से रोजगार पैदा करें और उद्यमी बनें।

सबक #6: अपने आस-पास के लोगों से सीखें

अगर आप सीखना चाहते हैं और अपनी आँखें और कान खुले रखते हैं, तो हर जगह कुछ न कुछ सीखने को मिल सकता है। मैंने पिछले अध्याय में अपने रियल एस्टेट करियर की शुरुआत का ज़िक्र किया। यह सब एक वीडियो से शुरू हुआ जो मैंने यूट्यूब पर देखा था। यह वीडियो थाच गुयेन का था। वह एक इंटरनेट पर्सनैलिटी, रियल एस्टेट इन्वेस्टर और डेवलपर हैं। उनके वीडियो इतने शानदार और सूचनात्मक हैं कि मेरे जैसा व्यक्ति, जिसे पहले रियल एस्टेट में कोई अनुभव या रुचि नहीं थी, उनकी बातों से पूरी तरह प्रभावित हुआ। और आज, इस अजनबी की वजह से, मेरे पास खुद का एक बड़ा पोर्टफोलियो है।

थाच गुयेन मेरी यात्रा की शुरुआत थे, और उसके बाद यूट्यूब का एल्गोरिदम काम करने लगा। मेरे फीड पर रियल एस्टेट से संबंधित वीडियो आते गए, और मैंने उन्हें देखकर नोट्स बनाना शुरू किया। वह और मैं, दोनों, इस बात के बेहतरीन उदाहरण हैं कि कैसे ऐसे लोग भी, जिनसे हमने कभी मुलाकात नहीं की, हमें नई संभावनाओं का पता लगाने के लिए प्रेरित कर सकते हैं।

सीखने की खूबसूरती यह है कि यह कहाँ और कब हो सकता है, आप कभी नहीं जान सकते। कई साल पहले, मैंने एक बेस्टसेलर किताब "थिंक एंड ग्रो रिच" पढ़ी। मुझे याद है कि मैंने सोचा था कि यह कितना अजीब शीर्षक है। अगर अमीर बनने के लिए केवल सोचने की जरूरत होती, तो दुनिया आज बिल्कुल अलग होती। लेकिन इसने मेरा ध्यान आकर्षित किया और मैंने इसे उठा लिया।

किताब पढ़ने के बाद, मैं गवाही दे सकता हूँ कि मानव मस्तिष्क कुछ भी हासिल कर सकता है जिस पर वह केंद्रित हो। मैंने एक ऐसा व्यक्ति, जिसकी शिक्षा कला, वाणिज्य और विज्ञान का मिश्रण रही इस विश्वास को अपने दिल में बसा लिया और एक प्रेरणादायक पोर्टफोलियो बनाने पर काम किया। कुछ साल पहले, मैंने कभी नहीं सोचा था कि यह मेरे साथ होगा। लेकिन मैंने इसे खुद के लिए संभव बनाया और मुझे उस पर बहुत गर्व है।

सीखने के अवसर हर जगह हैं। हमें केवल उन्हें अपनाने के लिए तैयार रहना चाहिए। आप ऐसा तब नहीं कर सकते, जब आप किसी किताब को उसके कवर से जज कर रहे हों। यह समझने की कोशिश करें कि एक व्यक्ति क्या कह रहा है, उसके बारे में खुद को शिक्षित करें, और अगर वह आपको समझ में आता है, तो उसमें निवेश करें। हमें हमेशा खुले दिमाग से रहना चाहिए।

जब मैं कहता हूँ कि हम लोगों से भी सीख सकते हैं, तो मेरा मतलब सिर्फ उनकी बातों से नहीं है। आप देख सकते हैं कि वे कैसे काम करते हैं और उनकी कुछ चीजों को अपने जीवन में लागू कर सकते हैं। मैंने कभी

थाच गुयेन या नेपोलियन हिल (थिंक एंड ग्रो रिच के लेखक) से मुलाकात नहीं की। लेकिन इन दोनों ने मेरे जीवन पर इतना गहरा प्रभाव डाला कि मैं सिर्फ 'धन्यवाद' ही कह सकता हूँ।

कुछ साल पहले, मुझे डेट्रॉइट शहर में एक मैन्युफैक्चरर्स' कॉन्फ्रेंस में आमंत्रित किया गया था। इसमें वे सभी कंपनियाँ शामिल थीं, जो सप्लाई चेन और रिटेल के लिए उत्पाद बनाती हैं। मैंने इस आमंत्रण को इसलिए स्वीकार किया क्योंकि मुझे लगा कि वहाँ मुझे कुछ सीखने को मिलेगा। जब मैं छोटा था, तो मैं ऐसे आयोजनों में मुफ्त भोजन और आरामदायक माहौल के लिए जाता था। लेकिन अब, मैं बड़ा और समझदार हो गया हूँ।

इन क्लासेस और कॉन्फ्रेंसेस का सबसे बड़ा फायदा नेटवर्किंग है। मैंने अपनी आय का 10% से 15% हिस्सा हर साल अपने विकास में लगाने का संकल्प लिया है। यह औपचारिक या अनौपचारिक प्रशिक्षण, ऑनलाइन या कक्षा आधारित कोर्स हो सकते हैं। जब भी कुछ मेरी रुचि जगाता है, मैं थोड़ी रिसर्च करता हूँ और एक ऐसा कार्यक्रम चुनता हूँ जो मेरी जरूरतों के लिए सबसे उपयुक्त हो।

हमें खुद को फिर से खोजते रहना होगा क्योंकि हम सभी एक बदलती दुनिया में जी रहे हैं। कंपनियों की आवश्यकताएँ और जरूरतें बदल रही हैं। जो कल जरूरी था, वह आज अप्रासंगिक हो सकता है। इसलिए हमें यह देखना होगा कि दुनिया कहाँ जा रही है और हम उस संदर्भ में कहाँ खड़े हैं।

जैसे हम अपने घरों का निर्माण करते हैं, कार खरीदते हैं और अपने बच्चों की शिक्षा के लिए पैसे अलग रखते हैं, हमें खुद में भी निवेश करना चाहिए। यही एकमात्र तरीका है कि हम इस बदलती दुनिया में प्रासंगिक बने रह सकते हैं।

अध्याय 9

जाते-जाते

कुछ अंतिम विचार

जब मैंने इस किताब का आखिरी चैप्टर लिखा, तो मैंने खुद को कभी-कभी भावुक महसूस करते पाया। मैं ऐसा इंसान नहीं हूँ जो अक्सर पुरानी यादों में खो जाता है, इसलिए मुझे अपनी भावनाओं पर थोड़ा आश्चर्य हुआ। मुझे लगता है कि हम अपनी रोजमर्रा की जिंदगी और अपने लक्ष्य तक पहुँचने में इतने व्यस्त हो जाते हैं कि यह नहीं सोचते कि हमने कितना सफर तय किया है। और मैंने सच में लंबा सफर तय किया है।

20 साल की उम्र में, मुझे लगता था कि मैं एक सीधे रास्ते पर खड़ा हूँ जो मुझे सीधे एक फाइटर जेट के कॉकपिट तक ले जाएगा। उस समय, मैंने कभी नहीं सोचा था कि मैं टेक्नोलॉजी के क्षेत्र में अमेरिका में काम करूँगा। यह दिखाता है कि जब हम युवा होते हैं, तो हम जीवन की अप्रत्याशितता को नहीं समझते। वह सीधा रास्ता जो मैंने सोचा था, कभी अस्तित्व में ही नहीं आया, और मैं एक घुमावदार रास्ते पर चला, जिसने मेरे करियर को आगे और पीछे कई बार मोड़ा।

मुझे उम्मीद है कि जो आपने पिछले पन्नों में पढ़ा है, वह आपके लिए मददगार रहा होगा। जैसा कि मैंने इस किताब की शुरुआत में कहा था, काश किसी ने मुझे ये सब पहले बताया होता ताकि मेरा प्रोफेशनल सफर इतना उथल-पुथल भरा न होता। लेकिन शायद अगर मैंने ये सब अनुभव न किया होता, तो यह किताब भी नहीं लिखी जाती।

इस किताब को समाप्त करने से पहले मैं कुछ अंतिम बातें साझा करना चाहूँगा। ये करियर के सबक कम और जीवन के सबक ज्यादा हैं। इन्हें सोचिए और आपको एहसास होगा कि मैं इन्हें क्यों महत्वपूर्ण मानता हूँ।

अपनी व्यक्तिगत जिंदगी को अपने करियर के लिए टालें नहीं

हां, यह किताब पेशेवर सफलता को जल्दी हासिल करने के बारे में है। लेकिन क्या हम सिर्फ काम करने के लिए जीते हैं? नहीं न? हमारे जीवन में काम के अलावा भी बहुत कुछ है, जिसमें हमारे परिवार और दोस्त एक महत्वपूर्ण हिस्सा हैं। हमें उन्हें अपने साथ लेकर चलना होगा।

मुझे एक व्यक्ति से मिलना याद है जिसने यह बात अच्छे से समझाई। वह घर-घर जाकर यह पूछ रहा था कि क्या लोग अपने घरों में सोलर पैनल लगवाने में रुचि रखते हैं। मैं रुचि रखता था, और हमने बातचीत शुरू की। वह काफी जवान लग रहा था, और मैंने सोचा कि वह कॉलेज में है और यह काम साइड गिग के तौर पर कर रहा है। लेकिन पता चला कि वह शादीशुदा था और उसकी दस महीने की बेटी थी। उसने हाल ही में यह काम शुरू किया था ताकि वह अपने परिवार को एक आरामदायक जीवन दे सके।

यह अमेरिका में काफी सामान्य बात है। लोग तब शादी करते हैं और परिवार शुरू करते हैं जब उन्हें सही लगता है, न कि तब जब वे किसी वित्तीय उपलब्धि को हासिल कर चुके होते हैं। लेकिन भारत में, युवा तब तक काम करते रहते हैं जब तक वे 'सेटल' नहीं हो जाते, और उसके बाद अपने निजी जीवन के बारे में सोचते हैं। वे उन कीमती सालों को बर्बाद कर देते हैं जब उनके साथ एक सहायक परिवार हो सकता था, जो उनके संघर्ष के हर पड़ाव में उनके साथ होता।

मैंने 2001 में शादी की, लेकिन हमारा पहला बच्चा 2007 में हुआ। पीछे मुड़कर देखता हूं तो लगता है कि काश हमने परिवार शुरू करने में इतना इंतजार न किया होता। मेरी पत्नी और मैं करियर, ग्रोथ, स्थिरता और बैंक

बैलेंस के बारे में बहुत ज्यादा सोच रहे थे। हम चाहते थे कि सब कुछ सही हो, उसके बाद बड़ा कदम उठाएं।

अपनी जिंदगी की योजनाओं को अपने करियर के आधार पर टालें नहीं। यह गारंटी नहीं है कि चीजें आपके करियर के सुलझने के बाद सही हो जाएंगी। मेरा विश्वास कीजिए, आप समय के साथ सब कुछ संभाल लेंगे। मील के पत्थरों का इंतजार करना एक लंबा इंतजार बन सकता है। अगर कुछ ऐसा है जो आप चाहते हैं, तो उसके लिए अभी कदम उठाएं - जब समय सही हो, सही समय का इंतजार न करें। इसी तरह, अगर आप यात्रा करना चाहते हैं, तो करें। आप रास्ता निकाल लेंगे। दुनिया देखने के लिए रिटायरमेंट का इंतजार न करें। इसे तब करें जब आप जवान हैं और आपके घुटने सही सलामत हैं।

हमारे पास केवल एक जिंदगी है। इसे जितना अच्छा बना सकें, बनाएं ताकि आप अपनी मेहनत का फल भी खा सकें। परिवार और दोस्तों के साथ बिताया गया समय अमूल्य है। बैंक में कुछ और रुपये आपको वह खुशी नहीं देंगे जो आपके जीवन में लोग लाते हैं।

हिंदी में एक कहावत है, **'पुत्र कपूत तो क्यों धन सांचे, पुत्र सपूत तो क्यों धन सांचे।'** इसका मतलब है कि अगर आपके बच्चे निकम्मे हैं, तो उनके लिए पैसे बचाने का कोई मतलब नहीं है। और अगर आपके बच्चे अच्छे हैं, तो भी वही लागू होता है क्योंकि उन्हें अपना ख्याल रखने और सफल होने के लिए आपके पैसों की जरूरत नहीं है। जो जरूरी है, वह है संतुलन।

अपने मौजूदा पल का आनंद लें। अपने दोस्तों और परिवार के साथ समय बिताएं। जिंदगी गणित नहीं है; इसे बैलेंस शीट की तरह देखने की जरूरत नहीं है।

हम मशीन या रोबोट नहीं हैं; हम इंसान हैं। इसलिए हमें इंसान की तरह व्यवहार करना चाहिए और अपने रिश्तों को पोषित करना चाहिए। जब तक आपका निजी जीवन आपके पेशेवर जीवन पर हावी नहीं होता, आप ठीक रहेंगे।

अगर आप नियंत्रण नहीं लेते, तो किस्मत ले लेती है

कुछ लोग किस्मत में विश्वास करते हैं और मानते हैं कि चाहे वे कुछ भी कर लें, अंत में उनकी ज़िंदगी का रास्ता किस्मत तय करेगी। और कुछ लोग मेहनत में विश्वास करते हैं और मानते हैं कि मेहनत में किस्मत को हराने की ताकत है। मैं, हालांकि, दोनों में विश्वास करता हूं। किस्मत और मेहनत, दोनों का हमारे जीवन में अपना-अपना महत्व है। और हर मोड़ पर हमें यह तय करना होता है कि कौन सा ज्यादा अहम है।

इसे एक नदी की तरह समझें। वह एक ग्लेशियर से शुरू होती है और भूमि के विशाल हिस्सों से होकर बहती है, अंत में समुद्र में मिल जाती है। यही उसकी नियति है। लेकिन जब वह बह रही होती है, तो एक नदी के कई उपयोग होते हैं। उनमें से एक मुख्य उपयोग बिजली उत्पादन है। प्राकृतिक रूप से बहने वाला पानी बिजली उत्पन्न नहीं करता। लेकिन जब उसकी गतिज और स्थितिज ऊर्जा का उपयोग टर्बाइन और हाइड्रोपावर प्लांट में किया जाता है, तो वह बिजली उत्पन्न करता है। इसी तरह, एक बांध बनाकर उस पानी को नहरों में मोड़ा जा सकता है, जिससे बंजर भूमि उपजाऊ बन सकती है।

यह एक बेहतरीन उदाहरण है कि कैसे नदी की दिशा बदलकर उसकी किस्मत बदली जा सकती है। अगर उसका रास्ता न बदला गया होता, तो वह पानी अपने मूल गंतव्य–समुद्र–तक पहुंच जाता, जैसा कि उसकी नियति थी। लेकिन जब उस पर कार्रवाई की गई, तो उस पानी को कई अलग-अलग तरीकों से उपयोग किया गया।

कुछ शुरुआती कठिनाइयों को छोड़कर, मैंने हमेशा अपने करियर पर नियंत्रण रखा है। मैंने अपनी समझ के अनुसार निर्णय लिए हैं और उन पर अडिग रहा हूं। और मैं इसे जारी रखना चाहता हूं।

इस समय मेरी सबसे बड़ी चिंता यह है कि मेरे पास समय कम हो रहा है। जब आपके पास पैसा कम हो रहा होता है, तो आप पीछे मुड़कर देखते हैं और सोचते हैं कि आपने इसे कहां बर्बाद किया। लेकिन मुझे उस चिंता की

ज़रूरत नहीं है। मैंने अपने जीवन की शुरुआत में ही यह स्पष्ट दृष्टि रखी थी कि मुझे इस समाज को वापस कुछ देना है। और मैं इसे करने के लिए समय के खिलाफ दौड़ रहा हूं। मैं इस दुनिया को किसी ऋण के साथ छोड़ना नहीं चाहता। मैं उन लोगों की मदद करने के रास्ते खोज रहा हूं, जिन्हें सीढ़ी चढ़ने के लिए एक सहारे की ज़रूरत है।

कई लोग मुझसे कहते हैं कि बच्चे हमारी विरासत हैं। यह सच है, लेकिन यह हमेशा वैसा नहीं हो सकता जैसा आप योजना बना रहे हैं। मैं चाहता हूं कि मेरा बेटा डॉक्टर बने क्योंकि मैं चाहता हूं कि उसके पास लोगों की ज़िंदगी बेहतर बनाने की ताकत हो। लेकिन वह अभी काफी छोटा है और उसकी अपनी योजनाएं हो सकती हैं। इसलिए, अगर मैं किसी और की मदद कर सकूं कि वह डॉक्टर बन सके, तो मुझे खुशी होगी।

मैंने भी अपनी ज़िंदगी में किस्मत को अपना काम करने दिया है। अगर मैंने अपने करियर की इतनी चिंता न की होती और चीजों को वैसे ही होने दिया होता जैसे वे थीं, तो शायद मेरे बच्चे जल्दी हो गए होते। और इस समय तक वे पहले ही पढ़ाई पूरी कर चुके होते। उनकी ज़िम्मेदारी से आज़ादी मुझे जल्दी रिटायर होने देती, और मैं पूरी तरह से समाज की सेवा के लिए तैयार होता।

खुद की तुलना किसी से न करें

मैं यह कहने वाला पहला व्यक्ति नहीं हूँ। क्योंकि यह बहुत स्पष्ट है। हम किसी और से अपनी तुलना क्यों करेंगे? हर व्यक्ति की ज़िंदगी अलग होती है। उनके अनुभव और मानसिक दृष्टिकोण आपके जैसे नहीं होते। आपकी क्षमताएँ और कमजोरियाँ भी अलग होती हैं। इस बात का कोई तर्कसंगत कारण नहीं है कि तुलना क्यों मायने रखती है। आप और सचिन तेंदुलकर के पास दो आँखें, हाथ, पैर, नाक और कान हैं। क्या इसका मतलब यह है कि आप क्रिकेट में उनके जितना अच्छा खेल सकते हैं? बिल्कुल नहीं। सचिन को वे प्रतिभाएँ मिली हैं जो हममें से बहुत कम के पास होती हैं। तो जब

आप खुद की तुलना सचिन से नहीं करेंगे, तो अपने सहपाठियों या दोस्तों से क्यों करेंगे?

मैंने यह गलती एक बार की थी, जब मैं आठवीं कक्षा में था, और यह पूरी तरह से गलत साबित हुई। शुक्र है कि मैं उस समय इतना समझदार था कि यह महसूस कर सकूं कि मैंने कितनी बेवकूफी की थी, और मैंने फिर कभी ऐसा न करने की कसम खाई। मैंने अपनी इस कसम को निभाया है और कभी किसी से अपनी तुलना नहीं की।

मैं स्कूल में औसत से बेहतर छात्र था। मैं अपनी कक्षा का टॉपर नहीं था और कभी बनने का लक्ष्य भी नहीं रखा। मेरा लक्ष्य हमेशा टॉप पाँच में रहना था। और जब तक मैं उसमें रहता था, मुझे अपने अंकों की परवाह नहीं थी। लेकिन एक बार, जब मैं आठवीं कक्षा में था, हमारी कक्षा अध्यापक ने हमारी यूनिट टेस्ट की उत्तर पुस्तिकाएँ लौटाईं। मैंने एक विषय में बहुत कम अंक प्राप्त किए। मुझे इसकी उम्मीद नहीं थी, इसलिए मैंने अपने सबसे अच्छे दोस्त राजू डे के साथ अपनी उत्तर पुस्तिकाओं की तुलना शुरू कर दी। उसने अच्छे अंक प्राप्त किए थे, इसलिए मैं जानना चाहता था कि मैंने कहाँ गलती की।

एक प्रश्न के लिए, हम दोनों ने वही उत्तर लिखा था। लेकिन जहाँ शिक्षक ने उसे पूरे अंक दिए थे, मुझे शून्य अंक मिले थे। यह चौंकाने वाला था। राजू ने सुझाव दिया कि मुझे हमारी दोनों उत्तर पुस्तिकाएँ शिक्षक को दिखानी चाहिए और उनकी गलती के बारे में बताना चाहिए। यही मेरी सबसे बड़ी गलती थी। मुझे नहीं पता कि उस दिन शिक्षक का मूड खराब था या नहीं, लेकिन उन्होंने हमारी उत्तर पुस्तिकाएँ देखीं, उत्तरों की जाँच की, और राजू के उत्तर को काटकर उसे भी शून्य दे दिया। मैं एक पल के लिए स्तब्ध रह गया, और जब राजू को यह पता चला, तो उसकी प्रतिक्रिया और भी बुरी थी।

मैंने शिक्षक के पास जाकर आशा की कि वे मुझे पूरे अंक देंगे, लेकिन इसके बजाय उन्होंने बिल्कुल उल्टा कर दिया। मुझे बहुत बुरा लगा। मैंने

अपने दोस्त को चोट पहुँचाई, बस अपने लिए कुछ अच्छा करने की कोशिश में।

यह पहली और आखिरी बार था, जब मैंने किसी से अपनी तुलना की। मैंने उस गलती को दोहराने से बचने का संकल्प लिया और अब तक सफल रहा हूँ।

तुलना की आवश्यकता न होने का एक और तर्क यह है कि मैंने कभी किसी को अपने जैसा नहीं पाया। उन तीन मेंटर्स के अलावा, जिनका मैंने पहले अध्याय में उल्लेख किया था, मैंने किसी और को नहीं देखा, जिनका मेरे साथ ज्यादा समानता हो या जिनका रास्ता मेरे जैसा हो। हर किसी के लक्ष्य और रास्ते अलग होते हैं। हो सकता है कि उन्होंने भी मेरी तरह संघर्ष किया हो और असफल हुए हों। लेकिन उनकी कहानी और उन्होंने जो रास्ता चुना, वह मेरे जैसा नहीं होगा।

उदाहरण के लिए, मान लें कि आप और आपके सहकर्मी दोनों मार्केटिंग मैनेजर हैं। हो सकता है कि काम पर आपको समान कार्य दिए जाएँ, इसलिए कागजों पर आप समकक्ष हों। लेकिन आपके सहकर्मी के एक बच्चा है, और आपने और आपके साथी ने बच्चों को न रखने का निर्णय लिया है। तो वह जो प्रेरणा अपने काम में लाएगा, वह आपकी प्रेरणा से मेल नहीं खाएगी, क्योंकि आप दोनों की ज़िंदगी की ज़िम्मेदारियाँ अलग हैं।

मेरे 28 साल के करियर में ज्यादातर समय मैंने तकनीकी भूमिका निभाई है। माइक्रोसॉफ्ट के सत्य नडेला ने भी ऐसा ही किया है। लेकिन हम दोनों अपने-अपने तकनीकी कामों तक पहुँचने के लिए जो रास्ता तय किया, वह बिल्कुल अलग था। सत्य एक इंजीनियर थे, जो मास्टर डिग्री के लिए अमेरिका आए। उन्हें माइक्रोसॉफ्ट में जल्दी ही नौकरी मिल गई, और उन्होंने सीईओ बनने तक का सफर तय किया। अब मेरी ओर देखिए। मैंने 12वीं कक्षा तक विज्ञान पढ़ा। फिर मैंने कॉलेज के पहले वर्ष में वाणिज्य में दाखिला लिया। और फिर मैंने कला की डिग्री के साथ स्नातक किया। मैंने कभी किसी को ऐसा करते हुए नहीं सुना।

तो जबकि तुलना करना असंभव है, आप उन लोगों की ज़िंदगी के कुछ पहलुओं को अपना सकते हैं, जिनकी आप प्रशंसा करते हैं और जिनसे आप कुछ सीखना चाहते हैं। लेकिन आप उनकी ज़िंदगी की नकल नहीं कर सकते। कोई भी दो लोगों के फिंगरप्रिंट एक जैसे नहीं होते। तो हर ज़िंदगी अद्‌वितीय होती है। आपके रास्ते कभी-कभी मिल सकते हैं, लेकिन आपकी चुनौतियाँ और लक्ष्य हमेशा विशेष होंगे।

डर का सामना करने के लिए बस एक बार कोशिश करें

कुछ साल पहले, मैंने अमेरिका में एक लंबी रोड ट्रिप की। मैंने देश के पूर्वी तट पर स्थित मैरीलैंड से लेकर कैलिफोर्निया तक गाड़ी चलाई। यह बस मैं था, मेरी कार और वह लंबी सड़क। यह एक ऐसा अनुभव था जो मेरी बकेट लिस्ट में था, और मैं इसे पूरा करना चाहता था। लेकिन मेरी पत्नी को इस 'पागलपन' में कोई दिलचस्पी नहीं थी, जो मैं करने जा रहा था।

तो मैं अकेला ही निकल पड़ा। अमेरिका में रोड ट्रिप करना एक अनोखा अनुभव है। लंबे-लंबे सुनसान रास्ते हैं, जहाँ कभी-कभी मीलों तक कोई और गाड़ी नहीं दिखती। कभी-कभी सर्विस स्टेशन 200 मील की दूरी पर होते हैं। मैं 36 घंटे तक अकेला था, और बात करने के लिए कोई नहीं था। लेकिन मुझे एक बार भी अकेलापन महसूस नहीं हुआ। इतनी साधारण-सी चीज़–क्रूज़ कंट्रोल पर गाड़ी चलाना–को अकेले करना बहुत हिम्मत की बात है, लेकिन मुझे खुशी है कि मैंने इसे किया।

मैं रात के 2 बजे तक गाड़ी चलाता और फिर किसी होटल में चेक-इन कर लेता। रात में गाड़ी चलाना मुझे अपने बचपन की एक घटना की याद दिला देता है, जिसने मेरे जीवन से हमेशा के लिए अंधेरे का डर निकाल दिया।

बचपन में मुझे अंधेरे से बहुत डर लगता था। यह डर तब और बढ़ जाता था जब मेरी माँ मुझे किसी पास की किराना दुकान से कुछ लाने भेजती थीं। समस्या यह थी कि हमारी गली ठीक से रोशनीदार नहीं थी। हर बार जब वह

मुझे किसी काम पर भेजतीं, तो मैं आखिरी जलते हुए स्ट्रीट लाइट के नीचे खड़ा रहता और किसी पैदल यात्री या साइकिल सवार के गुजरने का इंतजार करता। मैं उनके पीछे-पीछे अगले जलते हुए स्ट्रीट लाइट तक पहुँच जाता।

मेरा यह डर 1988 में चरम पर पहुँच गया। उस समय यूरो कप चल रहा था, और पश्चिम जर्मनी इसकी मेजबानी कर रहा था। मेरे पिता फुटबॉल के बहुत बड़े प्रशंसक थे और जितने मैच देख सकते थे, देखते थे। उन दिनों मैं अपनी 10वीं की परीक्षा की तैयारी कर रहा था, और यूरो के मैच भारत में रात 11 बजे प्रसारित होते थे। यह वह समय था जब सैटेलाइट टीवी और घरों की छतों पर एंटीना का दौर था। कभी-कभी हवा का झोंका एंटीना को हिला देता था, और किसी को छत पर चढ़कर उसे ठीक करना पड़ता था। यह काम सीधा नहीं था क्योंकि हर बार जब आप इसे हिलाते, तो नीचे से आवाज़ आती कि "रुको, अभी भी साफ नहीं दिख रहा," या "ठीक है, अब साफ दिख रहा है।"

उस दिन मुझे इसे ठीक करने के लिए छत पर भेजा गया। हमारा एंटीना एक खंभे पर था। खंभे तक पहुँचने के लिए 7-8 फीट की सीढ़ियाँ थीं। वहाँ अंधेरा था, और मैं अकेला था। मैं वहाँ बिल्कुल नहीं जाना चाहता था, लेकिन मेरे पास कोई और विकल्प नहीं था। ऊपर से, इस काम में पूरे 15 मिनट लग गए। मुझे पता है कि वे 15 मिनट मेरे लिए कितने लंबे थे। मैं खुद पर भी गुस्सा था कि मैं 15 साल का हो गया हूँ और फिर भी अंधेरे से डरता हूँ। इसलिए, नीचे आते समय मैंने खुद को मजबूर किया कि मैं दौड़ने के बजाय धीरे-धीरे चलता हुआ नीचे जाऊँ।

इस साधारण से कदम ने वर्षों से चले आ रहे डर को खत्म कर दिया। मैंने आखिरकार अंधेरे का डर खो दिया। उस दिन के बाद, आप मुझे कहीं भी किसी भी समय भेजते, मैं जाने को तैयार रहता। और यह सब यूरो 1988 की वजह से हुआ। मैंने सीखा कि किसी भी डर को खत्म करने के लिए आपको बस एक बार कोशिश करनी होती है।

और अंत में, मस्ती करना न भूलें!

ज़िंदगी मस्ती के बिना क्या है? नीरस। हाँ, ज़िंदगी में हासिल करने के लिए बहुत कुछ है। लक्ष्य पूरे करने हैं, बकेट लिस्ट के काम पूरे करने हैं, रिश्तों को संजोना है, और पैसे कमाने हैं। लेकिन ये सब हमेशा आपके जीवन का हिस्सा रहेंगे। ऐसा कभी नहीं होगा कि आपको लगे कि आपने सबकुछ हासिल कर लिया है। नए लक्ष्य पुराने वाले से पहले ही आ जाएंगे। और पैसे, जैसा हम सब जानते हैं, शायद ही कभी पर्याप्त होते हैं। हम हमेशा और ज्यादा के लिए काम करते रहेंगे। इस न खत्म होने वाली दौड़ को रोकने के लिए, हमें यह याद रखना चाहिए कि नियमित रूप से मस्ती करना कितना ज़रूरी है। अपने परिवार और दोस्तों के साथ यात्रा पर जाएं, वो काम करें जो आपको पसंद हों, और अपनों के साथ समय बिताएं। ये सभी गतिविधियां रोजमर्रा की ज़िंदगी की थकावट से आपको बेहद ज़रूरी राहत देंगी।

जब मैं कॉलेज के बाद दिल्ली में एन.आई.आई.टी. में काम करता था, तो मेरे दोस्त और मैं हर मौके का फायदा उठाकर शहर से बाहर चले जाते थे। लंबे वीकेंड्स पर हमने दिल्ली में कभी समय बर्बाद नहीं किया। हम उत्तर प्रदेश, राजस्थान, या हरियाणा के आस-पास के स्थानों की यात्रा करते थे। एक लंबे वीकेंड पर, हमारे मैनेजर ने कहा कि हमें शहर से बाहर जाना चाहिए। हमने तुरंत अपने बैग पैक किए। जो तीन-चार दिनों की छुट्टी होनी थी, वो दो हफ्ते की बन गई।

हम जवान थे और बिना किसी योजना के यात्रा करते थे। हमारी योजना हमेशा यही होती थी कि इंटर-स्टेट बस टर्मिनस पर मिलें और वहीं तय करें कि कहां जाना है। हम आई.एस.बी.टी. के पास एक सिनेमा हॉल में मिलते, छोले-भटूरे खाते और तय करते कि कौन सी बस तुरंत निकल रही है। इस बार, हमने एक विदेशी पर्यटक को टिकट लाइन में खड़े देखा। उसे भारत के तरीकों के बारे में ज्यादा जानकारी नहीं थी और वह लाइन में इंतजार कर रही थी, जबकि दूसरे यात्री उसके आगे से टिकट खरीद कर जा रहे थे। यह हमारे लिए राष्ट्रीय सम्मान की बात थी। हमने उसकी मदद करने का फैसला किया और उसके लिए टिकट खरीदा।

वह मनाली जा रही थी, और अब हम भी मनाली जा रहे थे। उसने हमारे लिए जगह तय कर दी थी।

हम मनाली के लिए निकल पड़े। हमारे बस कंडक्टर ने हमारी काफी मदद की। उसने हमें सुझाव दिया कि हिमाचल प्रदेश में कुछ और भी बेहतर जगहें हैं, जिन्हें हम देख सकते हैं। हमने उसकी सलाह मानी और राज्य के कुछ सबसे खूबसूरत ग्रामीण हिस्सों को देखा। वहां के मठों और संस्कृति ने हमें अलग ही दुनिया का अनुभव कराया। हम इतने खुश थे कि 15 दिन बाद वापस लौटे। ऑफिस में हर कोई हमारी लाए गए खूबसूरत फोटोज़ को देखकर जल रहा था।

उस ट्रिप पर मैंने स्वर्ग की एक झलक देखी। उन जगहों की अद्भुत खूबसूरती ने मुझे मंत्रमुग्ध कर दिया। और यह सब केवल 2,200 रुपये प्रति व्यक्ति में हुआ। मुझे विश्वास नहीं होता कि इतने सालों बाद भी मुझे उस यात्रा की इतनी सारी बातें याद हैं। क्योंकि यह एक ऐसा अनुभव था जिसे मैं कभी नहीं भूल सकता।

जो लोग मेरे साथ यात्रा पर गए थे, आज वे सभी अपनी-अपनी जिंदगी में व्यस्त हैं, और मेरे पास सिर्फ उन पलों की यादें बची हैं। जब मुझसे मेरी पसंदीदा यात्रा के बारे में पूछा जाता है, तो हिमाचल प्रदेश की यह यात्रा तुरंत मेरे ज़हन में आ जाती है। स्विट्ज़रलैंड, इटली, एम्सटर्डम, ऑस्ट्रिया, या अमेरिका में किसी भी जगह की कोई भी छुट्टी इसके करीब भी नहीं आ सकती।

अध्याय 10

जल्द ही मेरी तरफ मिलेंगे

जैसा कि मैंने शुरुआत में कहा था, यह वह किताब है जिसे मैं चाहता था कि मेरे पास तब होती, जब मैं वयस्कता की दहलीज पर खड़ा था। मैं चाहता था कि कोई मुझे तेज़ी से सफलता पाने का रास्ता दिखाए। हमारी 20 की उम्र वह समय होती है जब हम अपने करियर की नींव रखते हैं। उस उम्र में कुछ गलतियां हमें कीमती सालों का नुकसान कर सकती हैं। जबकि कुछ लोग इन झटकों से जल्दी उबर सकते हैं, यह हर किसी के लिए संभव नहीं होता।

यही कारण है कि मैंने यह किताब लिखी - ताकि आप मेरे अनुभवों से सीखें और अपने लक्ष्य जल्दी हासिल करें। मैं आपकी उम्मीदों से परे सफलता की कामना करता हूं और आशा करता हूं कि जल्द ही आप एक पेशेवर के रूप में सामने आएंगे।

अगर इस किताब ने आपकी मदद की है, तो मुझे ज़रूर बताएं। मुझे आपसे सुनने में बहुत खुशी होगी। आप मुझे therakeshsingh@gmail.com पर संपर्क कर सकते हैं। तब तक, शुभकामनाएं और अपनी पूरी मेहनत लगाइए। **ऑल द बेस्ट और चमकते रहें!**

www.ingramcontent.com/pod-product-compliance
Lightning Source LLC
LaVergne TN
LVHW100326210926
848480LV00003B/1268
* 9 7 9 8 9 0 5 1 0 9 1 4 0 *